沒什麼放不下

索達吉堪布說人生斷捨離

◎索達吉堪布

沒什麼放不下

索達吉堪布說人生斷捨離

作　　者　索達吉堪布
編　　輯　hsin
內頁排版　趙小芳

發行人兼出版總監　蔡建志
出　　版　大溏文化事業有限公司
發　　行　大和書報圖書股份有限公司
地　　址　新竹市東區工業東二路 11 號
電　　話　0927697870
初版一刷　2024 年 8 月

印　　刷　呈靖彩藝有限公司
定　　價　450 元

國家圖書館出版品預行編目 (CIP) 資料

沒什麼放不下 / 索達吉堪布 著 . -- 初版 . -- 新竹市：大溏文化事業有限公司出版：大和書報圖書股份有限公司發行 , 2024.08
面；　公分

ISBN 978-626-98583-2-3(平裝)

226.965　　113009950

「所謂放不下，只是這世界的錯覺」

序言

「我從哪裡來，會到哪裡去？活著，到底是為了什麼？」

這是困惑了無數人的古老問題。在百思不得其解的情況下，一般人選擇避而不想，悶頭繼續過日子，年復一年、日復一日……

然而，偏偏有這樣一群人，放下世間的名利榮華，來到佛教的智慧海邊，涉水弄潮，一心只為求答案。

雖然他們的身份千差萬別，在世間的經歷也不盡相同，但他們都曾受過高等教育，並最後選擇了出家。

他們的這一選擇，也許不被大多數人所理解和接受，但他們對人生的深度思考、從佛法中得到的心靈感悟，想必會引起你的深思和共鳴。

十多年前，我在稍微有點空閒時，為了與更多人分享他們的經歷，用大半年的時間到處採訪，對每個人的故事做了詳細的筆錄。書中事蹟為尊重個人隱私，所有當事人以化名出現。

當然，編寫此書，並不是勸你捨俗出家，即使是佛陀在世，弟子也多數是在家人，學佛不一定要與出家畫上等號。分享這些，只因這些人曾經所經歷的煩惱與疑惑，是你也正在經歷，或者也會經歷的。

「他山之石，可以攻玉」，但願他們的心路體驗，能讓你的人生少走彎路。

索達吉堪布　二〇一五年三月十二日

• 目錄 •

參 宇宙再大，大不過人心

肆　一個人的聖地

壹

人生苦短，及時行善

我心中的佛法就是真理，
是無比深廣的智慧，
是博大圓滿的愛的寶藏。
當佛陀向一切眾生無私地伸出他的手，
接引我們抵達幸福的彼岸，
我分明看到了佛陀慈悲雙目中所深藏的淚光。

刀子嘴，不一定是豆腐心

語言往往會給別人帶來傷害，
雖無利刃寒光，卻同樣令聞者心傷。
多年來如彩虹一般的律師生活，
只是給自己和他人都留下太多的懊悔和遺憾。

圓迦，出家前曾在成都電子科技大學教授法律課程，並兼任四川省司法廳直屬律師事務所的律師。

認識她多年，總感覺這個人思維敏捷、很有智慧，同時出離心也非常強烈，生活中還不忘廣積福德資糧。她曾廣泛地做過各種上供下施，從不吝惜錢財。

在成都中央花園小住期間，我曾問起過她從一名名律師到出家的經歷。記得門前的花園中，花開正當時，有蝴蝶在飛舞。我悠閒地坐在一把籐椅中，品著一杯淡茶，記錄下她那些喧囂和沉默的往事。

＊

我在科大任教時，課程不多，教書生涯平平淡淡。但十餘年的律師生涯，卻使我積累了豐厚的人生閱歷。接手了太多的辯護案件，也就目睹了太多當事人的酸澀和痛苦。在許多人眼中，我的事業是光彩奪目的：一人承擔並圓滿完成了民航內部某機庫建設的法律事務，涉及人民幣近億元；也曾單刀赴會，解決過一樁十分棘手的涉及五千多萬元資產的產權歸屬事務；數次出席重大經濟專案的涉外談判，經手的多為百萬元以上的經濟糾紛案，屢獲勝訴；還擔任了好幾十家公司、企業的法律顧問，為那些大老闆出謀劃策……

總之，接觸佛法之前的我，幾乎天天都處在當事人和同行們的讚譽聲中，生活裡充滿鮮花和掌聲。那時的我十分得意、自以為是、瞧不起許多人，經常對各種身份的人指手畫腳、不可一世，人們都稱我是奇才律師。然而，我在校園和法庭之外的生活卻顯得十分無聊。一從忙碌的工作中清閒下來，我就像洩了氣的皮球，茫然不知所措，升騰雲霧當中的那種心高氣勁兒頓時煙消雲散。我只能以花錢消費來打發時光：購物、美容、大吃大喝……成百上千地揮霍，自以為這才是會享受、懂生活。不過即便如此，也填不滿我空虛的心靈。

從事律師工作久了，原先那點自命不凡的成就感也漸漸露出了它的浮沫本質。表面上，我可以自由地處理各種法律事務，但心裡卻越來越認清一個現實：許多的勝訴都毫無實義，完全是虛妄的。一些當事人只贏回了一紙判決書，而法院認定勝訴的財產，卻因執行判決中的實際困難，比如缺乏約束力等而根本得不到償還。但勝訴者所要支付的律師代理費等費用卻少則幾萬、多則十幾萬，一分都不能少。

每當我看到那些本該高興的當事人哭喪著臉哀求，總有一種自責和無奈。獨自靜下心來，感覺懊喪難言，有時我越想越恐怖，覺得自己的奢華生活竟全是建立在剝奪這些善良而可憐的人的財富之上的。我常常陷入沉思，也四處尋求心安之道，為了自己尚未泯滅天良的心能稍稍得到點寬慰。

一九九三年的一天，我偶遇一位出家的大學生，得知他來自位於雪域聖地的喇榮五明佛學院。他身上洋溢著令人羨慕的寧靜與平和，讓我對這所地處藏地的佛學院產生了無盡的想像。到底是什麼樣的力量，讓他如此怡然自樂。

最終，借著他的指引，我來到了喇榮。但在到達的第二天，我就收到一份電報：「母亡，速歸！」這意想不到的噩耗使我手足無措、聲淚俱下。當時堪布剛好在我身旁，他看到電報後說：「不要緊，生死本就無常。我帶你去見法王上師，請他老人家幫忙超渡。」

這是我頭一次聽說，世界上原來還有這樣的往生法。心急如焚地跟隨堪布去見法王，這也是我頭一次發現，地球上原來還有這樣的人：慈悲、偉大、自在、安詳。見到他，我就相信母親一定會往生極樂世界。

這件事之後，我開始從內心感激、敬佩起這些高尚而又「神奇」的人。在他們的字典裡，沒有「條件」這個詞。雖然我與法王他老人家素不相識，但他默默地為我排解了亡母之苦，真不知如何才能報答這樣深重的恩德。比照自己因為幫別人打贏了官司，就收取高額訴訟費的行徑，頭一次，我有了恨不能找個地縫鑽進去的強烈負疚感。

接下來的幾天，我連續收到了多封家裡催我速返的電報，家人不斷責怪我為何遲遲不歸。堪布知道後又對我說：「還是回去好一些，**遇事要多隨順他人，要學會不傷眾生心的智慧與方便。**」

當時的我對這一番話並未完全理解。在返家途中，剛走到康定縣，就在大街上碰到了來叫我回去的家人。當街他們就開始指責我並破口大罵，最後甚至要動手。奇怪的是，這時我忽然憶起了臨行時堪布的話語，瞬間就出乎意料地冷靜下來，除了表示道歉外，什麼辯解的言辭也沒有。換作以往，以做律師的習氣，我是絲毫不會容忍別人對我的無禮撒野的。事情過後，我才慢慢體會到堪布的恩德與智慧，否則，一定會不可避免地給雙方造成傷害。

處理完家中的事，對佛學院、對法王與堪布那份說不出的懷念與感激，讓我再次返回了高原。結果沒幾天，家人又追到佛學院來發難。我實在無計可施，只好又去找堪布。堪布只說要見見我的家人，結果沒想到這次見面，堪布用權巧方便平息了他們的怒火，還順他們的心理，贈送了許多昂貴的物品。

看到家人捧著這些東西志得意滿的樣子，我不禁感慨萬千：堪布雖未明說要幫我，卻用行動給了我最具實義的安慰。他以智慧和方便令怒者歡喜、責難息，這使身處夾縫中的我感動得幾乎淚下。於是我決定留下來，在這裡學習佛法、學習上師們的智慧，也學習他們的品格。

接下來的日子，在上師們的教誨下，我開始從一個完完全全的門外漢一步步走進佛法的殿堂。對我這個初學者來說，感觸最深的一點便是法王如意寶的教言：良好的人格是嚴持戒律、修持一切顯密佛法的基礎。

記得有一次，我在法王的房間裡打掃衛生，無意中把幾顆小釘子和兩個橡皮圈掃進了垃圾裡。想不到，法王靜靜走過去，把它們從垃圾裡揀出來放進了懷裡。儘管他沒講一句話，我的臉卻一下子紅到耳根，感覺真是慚愧極了，這種強烈的震撼讓我開始重新審視自己的修行。

「**惜財惜福，緣為惜德**」，這句話在法王身上得到了最好的體現，然而我卻不懂此理。現在看到了法王的行持，我不由得想起自己當年毫無節制、毫無意義地空耗生命和錢財的舉止。損失那麼多的福報，怎能不讓人慚愧和痛心。

不但如此，由於經常有機會親近法王，多年來，我目睹了成千上萬的人來到法王身邊拜見他老人家。無論是什麼身份的人，無論有什麼事情，也不管拜見時間有多長，法王始終以自在安詳的微笑、毫無造作的舉動、恰如其分的話語，令每一個人心滿意足、歡喜離去。這的確就像珍貴難得的如意寶，能給予世間所有煩惱眾生以最需要的饋贈。

人們常說律師往往善於言辭，其實也不盡然。我做過十幾年的律師，曾無數次地在大庭廣眾之下做法庭辯論，慷慨陳詞時確是針鋒相對、當仁不讓，但每次庭審下來，辯論雙方大多面紅耳赤、憤憤不平。對方憤怒，我也氣惱。站在佛法的角度回顧那段經歷，越發覺得，其實我們都在以「我執」帶來的嗔心與對面子的計較，去與對方一爭長短，更何況在這種互不相讓的爭鬥背後，還有利益的驅動。這樣的爭論哪裡談得上發心清淨呢？

我們的語言往往會給別人帶來傷害，雖無利刃寒光，卻同樣令聞者心傷。原本每一個人都想獲得快樂，誰也不願受到傷害、感受痛苦。因此，傷人害己的語言根本不能被稱為善言，說者也並非能說會道。世間人的言談交往多被名與利支配，建立在利害關係上的言行，往往讓自他都難以得到真正的利益。多年來如彩虹一般的律師生活，只是給自己和他人都留下太多的懊悔和遺憾。在這雪域佛教聖地，我終於找到了使生活具有真實意義的途徑。

儘管通達證悟心性的路有萬萬千千，但我想對我這樣已在世海名利中沉浮了幾十年的人來說，再貪戀萬丈紅塵，捨不下身心性命，恐怕這十餘年就算是白學了。橫下一條心，就把自己的後半生放在出家僧眾的隊伍中去磨練吧。

「不積跬步，無以至千里；不積小流，無以成江海。」從生活中的一點一滴做起，是每個希求真理的人都能學會和辦到的。況且在這種點滴的進步中，我們一定能感受到真正的快樂。

在生活中沉思，在沉思中覺悟，我依此才懂得了什麼是真正的生活與人生。欣慰之餘，我總會想起那些和從前的我一樣整日煩惱不堪的人，真希望他們也能無憂地生活，盡情地體味美好的人生。但我很清楚，在世間根本尋求不到這種安樂。

我禁不住要說：千萬別讓矛盾糾紛、煩惱痛苦、懈怠放逸、貪愛物欲、我執之見等陋習，埋葬掉自己本應擁有的幸福和快樂。**在生活中應該多一份沉思、多一份擺脫痛苦的勇氣**。真希望人們都能抽空來佛門看看，也許你可以得到一份意外的幫助和安慰，也許還能找到一方你一直在苦苦尋求的樂土。

＊

圓迦一口氣講到這裡，我發現她真誠的雙眸裡竟閃動著晶瑩的淚花。想勸她喝幾口茶稍稍平息一下心緒，才發覺我們杯中的茶早已涼了。

圓迦還是端起了茶杯，不知此時她品嘗到的是甘甜還是清涼……

別急著趕路，看一看藍天

自習室裡稀稀疏疏地坐著幾個學生，自習室外的路燈下、草坪上卻擠滿了一對對難分難捨的身影；寢室裡看不著幾本書，但見滿地菸蒂、撲克牌……我開始產生了一個清晰的念頭：我不屬於這裡。

早聽說瀋陽是重工業發達的大城市，來自水草肥美的牧區的我，常常想去這個以林立的煙囪、以鋼筋水泥的城堡中去看看。後來遼寧省及瀋陽市的氣功協會聯合舉辦藏密氣功研討會，我也應邀前往發言。

會議開了七天，我也持續呼吸了七天瀋陽獨有的工業氣息。這期間多虧圓瓦的父親跑前跑後張羅，才讓我減輕了在一個陌生城市難免會有的不適應。他給了我很多實際上的幫助。在與圓瓦父親來往的短短幾天中，我發現他非常疼愛這個出家當和尚的兒子，然而在言談之中又常常流露出困惑。我發現我們關注圓瓦的方式是如此不同。

＊

算來圓瓦來佛學院已經整整七年了。對於他，我一直比較重視，也比較瞭解。當他講述自己的經歷，我好像看見一隻小小的螞蟻，在浩蕩的蟻群中停下腳步，看向高遠的藍天。

我很平凡。上大學時，人們和我自己都未曾如此認為，但當我後來置身於博大精深的佛法中，才終於意識到自己的渺小與無知。我是一個在東北土生土長的城市青年，瀋陽是我的故鄉，我在那裡生活了二十多年。記憶中，這座城市真的無愧於工業重鎮的稱號，整日裡彌漫著粉塵和刺鼻的氣味，一到冬天，環境就更是惡劣。

在朝七晚五的這兩個時間段裡，密密麻麻的上下班人流如同有規律的潮汐，又像黑螞蟻一般被一座座廠房、車間吞沒。每當回想起這樣的場景，我的心中就生起些許無奈，還帶有一絲恐懼。在現代化的大工業城市中，充斥的都是這樣的一些生物，他們完全為了生存而生存，工作是證明他們存在的唯一方式。所幸，我不在其中。

我的幼年、童年和青少年時代全都是在集體生活中度過的，我是標準雙職工家庭的孩子。父母都是醫生，這也許是我令某些同齡夥伴羡慕的原因。從幼稚園再到大學，我幾乎沒怎麼讓父母操過心。若無意外，我也許就會和同學們一樣，平庸地完成作為知識份子的一生，接下來還得回到生活中去找一份工作。然後是娶妻生子，建立家庭，再接著就是衰老和死亡，這是萬古不變的鐵律。

然而造化捉弄人，也成全人。在大學三年級時突然變換了鏡頭，我出家成了一名僧侶。如果說在之前的生活劇中，我只是在被動地客串，那麼現在我所扮演的角色，則是主動、認真和自願的。

細想起來也真是緣分。上小學時，父母有次帶我到遼寧著名的風景區千山郊遊，那時的我唯一記住的就是山裡的寺廟、廟裡的和尚。回來後心中就有了個淡淡的想當和尚的念頭，於是平日裡便也穿上肥大的衣褲，經常裝模作樣地打個坐。不久，小小的我在班級裡便有了個「法海」的外號，因為當時全國都在熱播《白蛇傳》，而我心中也樂得別人這樣叫我。

上中學後，自己可以到處亂跑了，這時又打聽到瀋陽市內有個道觀叫「太清宮」，便經常往那兒跑。不為別的，只是喜歡那裡古色古香的氣氛和裊裊青煙。那時我根本不知道佛與道的區別，就是迷戀那份莊嚴的寧靜。

第一年高考我落榜了，第二年接著補習。這一年的高考結束後，為了消遣，我辦了張省圖書館的閱覽證。第一本借閱的書便是臺灣版的《觀音菩薩》，反反覆覆讀了半個多月，心中牢牢記住了一件事——唸觀音聖號絕對錯不了。說來也許你不會相信，但我永遠不能忘懷那一天：

放榜的日子到了，天半陰半晴還下著細雨。早上九點多，我打著傘向學校走去。不知為什麼，從踏出房門的那一刻起，我就產生了一個強烈的願望，每走一步就唸一句「觀世音菩薩」。就這樣旁若無人地邊走邊唸，一直走到老師面前。剛抬頭，就聽見老師對我說：「你考上了，瀋陽工業學院自動控制系。」我不敢相信自己的耳朵，全班六十多名同學中只有兩個考上本科，而其中一個，就是我。

從此我就牢牢記住了觀世音菩薩。現在想來，這麼實用主義，真是有點可笑。考上大學，這多少有些光宗耀祖。父母的臉上也發光，鄰居的眼神也都帶著點羨慕。但這點歡樂的泡沫很快就被入學後的無聊生活打碎了。因我年齡較大，同宿舍的小弟們便都叫我「李老大」，頗有些黑社會的意味。但我這個「老大」很快便與「老小」們一起跌入了空虛生活的羅網。

二十世紀九〇年代初的大學生活按理說已經很豐富了，各種協會、聯誼會充滿了學院。從跳舞到書法、美術、攝影、旅遊、影評、公關、志願者、外語、同鄉會等，數不勝數，甚至連熨個衣服都有熨衣協會。但大學生們的真實內心又是怎樣呢？只要你到大學校園裡走一遭，便可一目了然：自習室裡稀稀落落地坐著幾個學生，自習室外的路燈下、草坪上卻擠滿了一對對難分難捨的身影；寢室裡看不見幾本書，但見滿地都是菸蒂、撲克牌；一扇扇宿舍窗戶裡經常往外砸下啤酒瓶，還伴隨著一陣陣聲嘶力竭的鬼哭狼嚎……

我開始產生了一個清晰的念頭：我不屬於這裡。

因緣使我在這個時候又想起了觀世音菩薩，想起了寺廟。剛好有個高中時的同學約我去瀋陽慈恩寺逛逛，不期然，我與這裡竟結下了不解之緣。

第一次進廟的時候，有位年輕的師父接待了我們。記不清與他的談話內容了，倒是對他送給我們的那些書至今記憶猶新。帶回家剛開始閱讀的時候，我是把它們當作神仙傳來看，當把這些書全部看完後，我終於能夠分清佛、菩薩與神仙了，這時的我平生第一次對佛教有了一個粗略的印象。

從此我便找到了一個新的去處。與青年僧侶們在一起時，感覺心中又多了一份祥和。與他們熟了，有時他們就讓我一個人待在大殿裡。跪在觀世音菩薩像前，心裡真是清淨。那時我就發願，一定要把清淨的佛法介紹給每個人。其實那陣子我自己還根本不知佛法的奧義所在，但我心裡已很明白，佛法將是我生命中最重要的一部分。

漸漸地，我和同學們無法一起玩，但我儘量不讓他們發現我的內心傾向。一九九三年大二結束後的暑假，我一個人上了五臺山。說也奇怪，在那半個月裡，先後有六個人勸我出家為僧。當時我還沒考慮過這個問題，只是想離佛法更近一些。

回到瀋陽，我開始思考出家這個問題了。別的都好辦，但如何離開與我相伴了二十多年的父母呢？有一天晚上，我試探著向父親訴說了我對另外一種生活的嚮往，沒想到他竟如此激動。他向來不過問我在做什麼，可這一次，他發現他的兒子可能有些不對勁了。

置身佛法中七年之後，我當然慶幸自己能從世間人最為推崇的親情中跨出來，但父親憔悴而憂傷的目光卻成為我心中永遠的痛。我只有默默前行，以自己的方式把佛法的陽光無聲地灑在父母身上。

不久，遠方的幾位僧侶朋友的來信，更堅定了我的決心。一九九四年一月一日，在新的一年剛剛翻開第一頁的時候，我離開家人，來到了冰天雪地的青藏高原，開始了我的僧侶生涯。

真正成為佛教徒是在這以後的日子裡。我笨拙的學習方式和以前的生活習氣使我未能很快融入佛法中。在佛學院七年，我走了很長時間的彎路，才開始看清佛教的輪廓及路徑，最終靠近並邁入這神聖的殿堂。

假如現在有人問我，你心中的佛教是什麼樣子，你為之拋家捨業值不值得？我該怎麼回答呢？我想我心中的佛法就是真理，是無比深廣的智慧，是博大圓滿的愛的寶藏。當佛陀向一切眾生無私地伸出他的手，接引我們抵達幸福的彼岸，我分明看到了佛陀慈悲雙目中所深藏的淚光。

每每此時，我都會在心底默默發願，願生生世世成為佛陀足跡的追隨者、佛陀教法的守衛者、佛陀精神的光顯者。願像佛陀一樣，把佛法播種在眾生的心地上。

＊

我一直認為圓瓦的故事很精彩，也非常有意義。在廣大無邊的世界，在社會人生不斷的演進過程中，許多佛教徒都書寫過、演繹過同樣精彩感人的篇章。只可惜，以前我沒有從文字上做過系統的整理，以致許多故事就這麼悄無聲息地從人們的視野中消失了。現在我把這些故事陸陸續續挖掘出來，想讓有頭腦、有智慧的人們，能從中瞭解一個個佛教徒的經歷和心聲。

誰都在海上漂

向上看是蒼茫的天穹，向下看是無邊的大海。
晚上休息時，只能躺在狹窄的房間裡那張狹窄的床上。
身下是一層厚厚的全金屬外殼，根本嗅不到陸地的泥土氣息。
人生到底應該有一個怎樣的活法？

圓根來自珠江三角洲一個發達的沿海城市，畢業於國際著名的航海界高等學府，他到佛學院的時間並不長，總見他在胸前掛個「止語」牌，不與人說話。坐在那裡默默地看書唸咒，是他給人最深的印象。去年佛學院開金剛娛樂法會演節目，大家一致推選他扮演達摩祖師。待他登場，立刻全場轟動，掌聲四起——各位可以由此想像出他的樣貌。

圓根與海有緣，海讓他憧憬，也讓他清醒。在人生的深海中，幾經沉浮的他，最終將目光投向那遙遠的岸。岸上有微光。

＊

我出生於廣東省一個普通的幹部家庭。從小學到中學，我一直在努力地讀書，同時也很聽父母和老師的話。

所學的科目中，我對古文算是情有獨鍾。記得上初中時讀到范仲淹的名作《岳陽樓記》，其憂國憂民的情懷曾深深打動我的心。文中「不以物喜，不以己悲。居廟堂之高，則憂其民；處江湖之遠，則憂其君……先天下之憂而憂，後天下之樂而樂。」這幾句話，至今還字字作響，聲震耳邊。也許從這一點看，我還算是有大乘種性的心志吧。

有一陣子，由於學習太過緊張，我一度得了神經衰弱，通過靜坐才把這種病症消除。那時我便對氣功中的調心調息法門很感興趣，希望有一天自己也能練出點味道來。一次，偶然在一本氣功書上見到「佛」這個字，當時就倍感親切，充滿了嚮往。

對仙佛的憧憬也許是我少年志向的萌發，但由於沒有條件向這方面發展，這種志向只是在心裡閃了一下便被生活的進程湮滅了。

一九八四年我參加了高考，成績還不錯。在填報志願時，聽說有某個佛學院招生。當時我就很希望能進佛學院讀書，儘管對佛學連點皮毛的認識也沒有。可惜那時沒有善知識引導，這個理想也就夭折了。出於對大海的好奇，我最終報考了大連海運學院航海系，並順利地被錄取。

大連是個美麗的海濱城市。當我第一次站在海岸邊，望著藍藍的海水時，心裡有說不出的愜意與舒暢。想到自己所學的專業，想到自己將與大海為伴，徜徉於藍天碧水之間，就更加對生活充滿了美好的幻想。可現實並不像幻想那樣簡單美好，大學四年下來，我的想法便全都改變了。

記得在校期間，我有兩次上船實習的機會。初上船時，天南地北的港口到處跑，整天樂顛顛的，等新鮮感一過，就生起厭煩心了。每天只能在狹長的駕駛臺上工作，在幾十米長的甲板上踱步。向上看是蒼茫的天穹，向下看是無邊的大海。晚上休息時，只能躺在狹窄的房間裡那張狹窄的床上，連翻個身都十分困難。身下是一層厚厚的全金屬外殼，根本嗅不到陸地上的泥土氣息，難怪有些船員說，船上生活無異於坐水牢。

為了打發時間，減少寂寞無聊帶來的痛苦，船員們經常聚在一起下棋、打撲克，甚至喝酒、賭博。尤其當我們航行在大海上時，經常能看到大量的垃圾、洩漏的原油等統統被倒入大海的情景。有一陣子，我甚至有些杞人憂天：原來我整日航行在一片藏汙納垢，甚至危機四伏的水波之上啊。

想到自己未來將在海上過這種生活，心裡就很失意。最初對大海那種美好的夢想，此時也像肥皂泡一樣破滅了。也就是從那時起，我開始重新審視自己，重新思考人生的方向。

就這樣，伴隨著困惑與希望，我度過了四年的大學生活。畢業後，雖然在海上的工作待遇很好，還可以經常出國，但由於我對海員那種海上苦悶、陸上尋歡的日子已不感興趣，於是放棄了在海上度過一生的計畫，上陸回到家鄉，在日本西鐵城下屬的一家合資公司當上了科長。可是過了一陣子，我又不滿意了。

後來，我又試圖從心理學中尋找思路與答案。通過對西方心理學論著的學習，我發現人的精神世界確實是一個不容忽視的大課題。為什麼人有那麼多的煩惱與病態？這都跟心識隱祕的活動有關。心理學的分析研究方法對我認識自心起到了一定的幫助，但同時也勾起了更多的疑惑，如心與物的關係到底如何等等。

隨波逐流的生活使我厭倦，工作又提不起我的興趣，每日喧擾的生活與心靈的苦悶使我渴望了知生命的實義。為了追求更高層次的精神生活，我決定辭職。放棄工作之後，很多人都為我感到惋惜，但我想：**錢再多，物質再豐富，也不能讓一個人獲得真正的幸福與安寧**。

走，尋師訪道去，不與俗人論。背起簡單的行囊，就這樣開始了我的探索之旅。修禪定、學太極、訪名家，在這樣的探究中度過了四年時光，我終於走進了佛門。

當我第一次走進雲門山大覺禪寺的佛殿，那氣度雄渾的莊嚴佛像和曲徑通幽的清涼禪堂，突然就勾起了我少年時對佛的親切感，一種賓至如歸的感覺從心底油然而生。當時我就在想，佛法會不會是我要尋找的最終歸宿呢？我心靈的依託是否就在這裡？為了驗證這種想法，我在廟裡住了下來，開始了學佛生涯。

晨鐘暮鼓的禪林生活是很有節奏與規律的，祖師大德制定的叢林規矩給修行人提供了極大的修心方便。置身於這遠離喧囂的人間淨土中，我近似貪婪地吸吮著佛法的甘露。漸漸地，佛陀的大悲與智慧開啟了我暗蔽的心扉，原先的許多疑團開始雲開霧散。

心中的烏雲散去了，無序的思路明確了，多年無依的心終於有了依靠。在虛雲老和尚的一位親傳弟子的慈悲攝受下，我皈依了三寶，並發心出家。舉行儀式的那天，師父慈悲開示：「你要一生出家，永不退轉地修行。在廣聞博學的同時，一定要一門深入、一心修道。」師父的話，我將永遠銘記心中。想到自己多年來在世海波濤中沉浮掙扎，卻始終找不到心靈棲息的港灣，直到今天，才搭上佛法這條妙寶大船，駛離人生苦海，趨向解脫安樂的彼岸，這能不令我振奮，努力向前嗎？

一九九九年，為了進一步學習佛法，我來到了喇榮五明佛學院。在上師的大悲加持下，我對佛法的認識有了更進一步的飛躍。兩年時間過去，我對未來的修行計畫已有了明確的認識，將依上師三寶的教誨，為實證大圓滿的覺性而精進修持。

出家好幾年後，有一次回鄉探望父母。以前的同學見到我之後紛紛向我打探：是不是走投無路才想到出家的呢？對這樣的誤解，我早已司空見慣。對世人的淺薄與愚昧，我不禁心生悲憫、感歎不已。遙望茫茫原野，我在心中默默祈禱：南無大悲觀世音，願我速開智慧眼；南無大悲觀世音，願我速渡一切眾……

＊

看了圓根的故事，你有什麼感想呢？圓根不安於平凡的生活，願放下厚利去追尋生命的真義，沒有一定的勇氣是很難做到這一點的。願圓根的學佛因緣能帶給你一些啟示。

最後有幾句前人的話，送給圓根，也送給讀者共勉：

不求大道出迷途，縱負賢才豈丈夫。百歲光陰石火爍，一生身世水泡浮。只貪利祿求榮顯，不顧形容暗瘁枯。試問堆金等山嶽，無常買得不來無？

拿不起的教鞭

我深深地感到自己不堪為人師。

當我教育學生寬容，就想到自己粗暴的態度；

當我批評學生懈怠，就慚愧自己虛度的光陰；

當我把不及格的作業本扔向學生，

也同時扔給了自己一個難題：你的人生及格了嗎？

每個人進入佛門的因緣都千差萬別：有人看破紅塵；有人讀佛經心開意解；有人則是宿世因緣。

作為一代驕子的大學生們，他們又為什麼選擇這條少有人走的路？

一個山花爛漫的季節，開金剛娛樂法會時，圓傑向我講述了他的人生經歷與出家緣由。

雖然已相隔許多時日，當時的情景仍歷歷在目：他穿著一身黃色僧裝，蓄著不算太長的落腮鬍子，嘴裡不停地唸著佛號，手裡輕輕撥動著菩提念珠。在藍天碧野的襯托下，好一幅飄逸脫俗的畫面。他深深感念大學時代的一位老師，給予了他至關重要的人生啟蒙：天地之間最珍貴的，是一個人純潔、獨立、高尚、深刻的思想。

＊

我出生在一個教師之家，父母都是當地教育界的骨幹。一直在父母的薰陶和呵護下長大，青少年時期的我，頭腦就猶如一個箱子，別人給什麼，我便裝什麼，從沒有主見，真可以說是別人思想的奴隸。在這種狀況下，我不可能接受已被教科書定性為封建迷信的佛法，直到在大學的最後一個學期，我才算是與佛法有了第一次輕微的接觸。

我是學中文的，當代文學是那個學期開的一門必修課。正是教當代文學的那位老師，給我留下了特別深刻的印象。

那天上課，他沒有坐在椅子上，沒有拿出厚厚的講義夾，他只是一個勁地寫，滔滔不絕地講。往常那些戴著老花鏡的教授們總是坐在大椅子上，唸一個多鐘頭的講義稿，一堂課便算完事。而他對當代文學的大家，時而讚美，時而點評，全都是自己的真知灼見。結果到下課時，他已寫滿了整塊黑板。這堂課深深震動了我的心。

後來，我們三四個同學便經常跟他在一起，他也常常帶著我們到市區、郊外遊玩。在這種輕鬆的氛圍中，他會把古今中外的名人典故搬來討論，熱烈的思想交流與辯論，讓我那歷來只會不假思索接受的頭腦，突然明白了一個事實：原來我可以對任何事物做出自己的判斷，**原來在天地之間，最珍貴的便是一個人純潔、獨立、高尚、深刻的思想**。

在被他迅速「催化」的過程中，我開始對以往的所知所學產生越來越強烈的懷疑。從那以後，我自己都說不清有多少次站在江邊，向對面的大佛像喊出「為什麼」的發問。

他講課的內容涉及各門學科，與其說他在教當代文學，不如說他是我當代文化與思想史的引路人。在他的啟發下，我的眼界大為放寬，對其他領域的知識也開始有所涉獵。

我試著一步步突破文學的狹隘範圍，去各門學科的代表思想中尋找真理。以前真的以為真理就在教科書中，就在我們手上，我們絕對已掌握了關於生命、社會問題的終極答案。但在他的幾句反問面前，我馬上就變得啞口無言。

他說：「既然生也有涯，而知卻無涯，那麼是誰賦予了這有涯的『生』以統領萬事萬物的權力？是誰讓我們為無涯的『知』打上『終極』的句號？繼續探索吧。否則死到臨頭時，都還不知道生的含義。」

他不僅從大的方面鼓勵我們開掘生命的本質，還時常結合社會的種種現象來帶動我們思考。他常這樣說：「現代人真是簡單得很，只知道吃喝拉撒。他們沒有了思想，也沒有了追求，只是庸庸碌碌地憑本能過日子，要麼就是拚命尋找刺激。但無論怎樣，其實質都空洞得像泡沫……可歎人心衰微至此，古人的大家風範在今人身上是無論如何也找不到了。」

做人不是遊戲，必須對自己的行為負責。現在的世界的確讓人有太多的苦悶，而精神上又找不到出路，所以很多人會因困惑而自殺（如三島由紀夫、海明威等）……」

在他的諄諄教導下，短短四個月裡，我的思想便有了一個飛躍與突變：對於世界與人生，開始做出思考和判斷。也是在他那裡，我聽到了「佛」這個字眼。可惜跟他相處的時間太短暫，還沒來得及聽他對這個問題的闡述，我就已畢業在即了。每次想到這裡，都有一些遺憾。如果能早點聽到他對佛法的暢談，我可能會更快地踏上佛道。

雖然有了非常大的進步，但是對人生、宇宙的終極真理，我仍然沒有找到答案。於是，我寫下了一句發自肺腑的感觸：「世界在茫茫中展開，我在世界中茫茫生存。」帶著一顆繼續追求真理的心，我離開了大學校園。那年，我二十歲。

我的職業是教師，和所有剛走上社會的人一樣，我懷著一顆闖一番事業的熱忱之心。那種心是純真的，但要保持它，卻絕非易事。當時的我也低估了可能出現的各種困難。

遇到的第一個障礙便是社會的影響。客觀說，整個社會風氣並非積極向上的，正如我的老師所說，大多數人都是只知吃喝拉撒而已。幾乎所有的人都在消費自己的生命，他們就算是抽出一點時間來勞動，也只是為了下一階段的消費。在不自覺中，我也被帶入這股莫名的洪流，剛出校園時的那種激情正默默地被磨損。但內心深處，老師播下的火種依然從未間斷地閃爍著，我知道那是我最寶貴的人生支點與精神財富。

於是，儘管別人用奇怪的眼睛看我，我仍會從微薄的工資中拿出數百元，用以訂閱哲學、文學等雜誌。偶爾在酒桌的推杯換盞之間，我也會不顧大家的驚愕，高談司馬遷受宮刑忍撰《史記》，及戊戌六君子凜然赴刑場慷慨救國的壯舉……

好長一段時間，我都被埋在這種痛苦當中，欲罷不能。我一支又一支地抽著菸，同時眼望著書架上一排又一排的書，我曾經從這些古今中外大家的著作中，得到過許多啟發，但此刻，它們似乎都成了多餘的擺設。在面對實際的深層痛苦與內心獨白時，這些著作全都顯得那麼蒼白無力。

不過有一次，我茫然若失的目光不經意落在了一本翻開的影集上，那裡有一張我在峨眉山金頂旅遊時的照片——我盤腿坐在一塊石頭上，雙手合十，面似淒苦。

這時，腦海中漸漸浮現出遠離紅塵的清淨寺院生活：迴蕩著晨鐘暮鼓的山林，或許能給我提供另一種塑造自我的環境；那極富哲理的禪機、佛理，或許能為我打開另一扇世界觀、人生觀的大門；那表面看來離奇的輪迴學說，或許能讓我更深入地瞭解乃至體驗生命的最本質狀態……

我用了整整一年的時間，一方面刻苦學習經、律、論，一方面幾次到報國寺深入觀察、體驗出家人的生活。這樣的精進聞思修最終表明：我的選擇沒有錯。佛法終於解開了我心中所有的謎團，它一點也沒有令我失望。

在這樣的認識下，我平靜而堅強地決定，剩下的人生之路就在寺廟、僧團中度過。既然已厭倦了世俗社會，為何還要強迫自己卑躬屈膝地迎合？既然還沒到「佛法不離世間覺」的境界，就專心致志地以出世間的形式磨練自己吧。

把這些問題全都考慮清楚以後，在一九九七年夏天，經父母同意，我終於在報國寺正式出家。

當年十一月，當我終於來到喇榮溝後，頃刻之間就被這片土地上真實修道的狀況、景象折服了。在聆聽了活佛、堪布們的教言後，更增加了對佛法的信心，深感佛法的甘露妙味對靈魂再造的不可思議之功。在深深嘆服上師們廣大的悲心與深邃的智慧時，要永遠待在這裡修行的打算便自然產生。

近三年的學修，使以佛法的正見為基礎的世界觀、人生觀終於在我身上得以確立。雖然不具備任何修行的功德，但我深信，只要以佛法為指南，昔日的夙願就一定能成為現實。我定能徹見宇宙真理——菩提真心；定能實現人生意義——利樂有情。

＊

圓傑不甘沉淪的探尋歷程和最後毅然出家的決心，也許會打動不少人的心。同時，他的經歷也告訴人們，知識份子學佛乃至出家，並非像有些人認為的那樣，只是一種盲目的抉擇。他們大都是通過了較長階段的研究、思索與觀察，才會做出如此重大的決定。

在泰國、新加坡、馬來西亞等國，佛教教育都極為興盛，國家對此也非常重視。在這樣的大氣候下，一個人的出家不但不會遭到排斥和歧視，反而會受到尊重和讚歎。對比我們周圍，一些智識淺薄者，卻總是用一種異樣的目光來審視這些胸襟寬廣的出家人，確實可悲可歎。

不做機器，做機器的主人

我們在一個龐大的機器裡，出賣各自的「所長」，換回螺絲釘、中樞按鈕等的位置。

但即便你是個方向盤，就以為能駕馭命運之車了嗎？生平第一次，我想賦予生命以自主的靈魂。

八年前一個冬天的早晨，一位女士站在我的木板房外。推開窗戶，我聽到她用激動的聲調自我介紹說，她來自東北，要在這裡求學佛法。看到我略顯猶豫的表情，她趕忙拿出了身分證、工作證等各種證件，最後，還遞給我一張北外的畢業證書。

其實我並非懷疑她的身份，只是對她能否長期待在這裡沒有把握。一方面，像她這樣的知識份子能捨棄城市生活確實不易；另一方面，我又見過很多類似的修行人，剛開始勇猛精進，到半途又退失信心。這位女士會不會也如此呢？

後來她就在佛學院住了下來，再後來，在上師三寶的加持下，她落髮出家，法名圓吉。

我一直是整個過程的旁觀者與審視者。八年來，未曾見她東跑西顛、說長道短；也未曾見她懶散度日、輕率放縱。哪怕在佛學院碰到不如意的時候，許多道友都四散而去，她仍堅定地留在這裡，並發願永遠不離開上師。這樣的修行人，已然把上師的教言完全融入心間。

對於這一切，圓吉說要感謝與死神的一次照面，讓她從人生的迷幻美夢中，如此毅然地逃離。

＊

我一直覺得為了實現理想而生活，才是世界上最快樂的事。對我而言，理想能使短暫的生命獲得最有意義的價值。沒有了理想，也就沒有了努力的方向，而昏昏庸庸的生活，跟動物也沒有什麼兩樣。但什麼樣的理想能使生命煥發出最耀眼的光芒？這個問題，曾讓我苦惱了很久。

高中畢業後我進入一家百貨公司當裝卸工，從繁重的體力勞動中擺脫出來，便是那時的理想。好在高考制度恢復後，我終於得以考入後來更名為黑龍江商學院的這所高校學習企業管理。

三年後畢業，我的理想得到了初步實現：可以不當工人，坐進寬敞明亮的辦公室。很快就頗有名氣，地位越升越高。因為想進入國家級外貿系統，我開始為新的理想奮力拚搏，並拿到了一家國際機構的招聘書。但就在當天晚上，厄運突然降臨：由於不小心，我煤氣中毒了。那是我第一次體會到死亡距我其實只有咫尺之遙。

我清清楚楚地記得，當時就像在做一個夢，一個人沿著一條無人的路向東方走去。到了一個陌生的地方停下來，忽然看見一排排尖頂的房子，等鑽進去後便什麼都不知道了。醒來時，耳旁朦朦朧朧傳來人們的哭喊聲。等神志完全清醒過來時，父母告訴我說，我昏死過去已有半個多小時。

這突如其來的經歷讓我後怕了一個多月，我總在想，當時若沒有醒過來，豈不就一命嗚呼了？天哪，我的生命竟是如此脆弱，它真的就在呼吸之間。每每想到這裡，我都要驚出一身冷汗。父母也說，他們都認為我已經完蛋了，整個人一點氣息也沒有，渾身冰涼，所以他們又喊又叫，特別是母親，當場就哭暈了過去。

我不知道自己是怎麼活過來的，只知道是撿回了一條命。從那之後，我不得不重新審視我所做的一切。這個事件對我的刺激非常大：如果連命都沒有了，那要經濟師、高級經濟師的頭銜又有什麼用？整天奔波在名與利之間，根本就沒意識到生命的存在。在與人為了幾級工資鬧得不可開交時，從未想過如果自己一口氣上不來，爭這些工資又是為了誰？

在病床上的那段日子，我有了充分的時間與心情回顧自己的足跡。我忽然意識到一個問題，學經濟學時，儘管整天把價值規律、商品流通的定義背得滾瓜爛熟，卻從未聯繫自己思考過一問題的實質。

我們在一個生產、交換、流通、分配的社會體系內，就像在一個龐大的機器裡，出賣各自的「所長」，換回螺絲釘、中樞按鈕等的位置。但即便你是個方向盤，就以為能駕馭命運之車了嗎？

我們都只是零件，但幾乎人人都認為自己在主動地、積極地參與著、創造著，推動自己和社會的發展。其實我們都不過是社會這台無生命的機器上的工具。認識到這點，我感到一種悲哀與壓抑。我們分明是一個個靈動的個體、鮮活的生命，但在天災人禍面前，在沒有任何反抗也來不及做任何準備的情況下，可以瞬間被剝奪生存的權利。

在社會這張龐大的網前，原先頗為自負的我，也漸漸明白自己這具血肉之軀。社會是由人組成的，人卻被商品這根線牽著，邁進了自設的關係之網，而做不得社會的主；**人是能思、能動、能行的，卻完全控制不了自己的肉身機器，更不明白自己的心靈是何種風景。這樣的人生又有何益？**

我有點理解周圍的工作狂了。一旦靜下來，思考的結果就使我如此自卑。我開始明白，要想不被清醒後無路可去的悲哀淹沒，就只能讓自己工作、工作、再作。用連軸轉的疲憊，讓這顆心日漸麻木。因為越往下思索，便越加重了痛苦與絕望。

我總算明白了上學期間所學的「異化理論」。商品原本沒有任何獨立的屬性，但在一個精神信仰衰微、過於強調物質生產的社會裡，人們成為物的奴隸，成為自己創造之物的階下囚，成為喪失自由意志與獨立人格的「拜物教徒」。

也就是在這段時間裡，我生平第一次感受到信仰的力量；第一次想賦予生命以自主的靈魂；第一次想從熙熙攘攘的世俗之海中超脫出來。

身體恢復後我又回去上班，但此時的心境已大別從前。特別是看到同事們一如往昔地爭名奪利，傻乎乎地虐待自己的生命、試圖填滿心中的欲望，我更是感到難以言表的悲哀，為自己也為別人。不知道此生結束時，他們是否會反思自己的人生軌跡。

所以，當我偶然的因緣看到《心經》，感覺就像找到了一個非常熟悉又失散多年的老師：「觀自在菩薩，行深般若波羅蜜多時，照見五蘊皆空，度一切苦厄……」這些話讓我只往前邁了一步，便從世間法躍到了出世法。如果說商品的本性無論從哪個角度來說都是空，那人又何嘗不是如此？

最讓人激動的是，**佛法雖然指出了生命的「苦空無常」，目的卻是要破掉人們對一切虛幻現象的執著，指引大家回歸「常樂我淨」，直至無生無滅的永恆**。我悲觀，是因為只看到了生命被奴役，而佛法告訴我，這些都是假象，每個人都能找回光明自在的生命本質。

從《心經》開始，我正式走入了佛門。這之後不久，我就看到了一本介紹四川喇榮五明佛學院的書，還有佛學院的法本《法界寶藏論》。儘管我看不懂甚深的教理，但強烈的信心及嚮往之意卻油然而生。特別是後來又聽到了一位上師的講法錄音帶，那裡面的一段話更是深深打動我心：「世界上所有高尚者的行為追求和道德規範，其實都已全部包括在佛教的無上菩提心之中了。所以那些追求品行高潔的人士，只要能以佛法來嚴格要求自己、以無上菩提心的正知正念來觀照反省自己，如此為人與做事，則他最終不但能擁有人間最高尚的道德品質，而且也能證得最殊勝的出世間境界，成就生命最究竟的覺悟狀態。」

這番話最打動我的地方就在於，它指出了人生的最高理想：以佛法為依託與指引，去達到生命的覺悟。經歷了世間願望一個又一個的確立、實現，你會發現它們並不能被稱為「理想」，而只能叫作「欲望」。因為它們無法讓人覺悟，被名利牽向無底的深潭，離最初的本性、最終的解脫越來越遠。

於是一個新的理想就此誕生，我準備用一生的行持去實現它：**把握生命的本質、駕馭它，最終達至任運無為、縱橫瀟灑的境界**。達成這一目標的唯一途徑，便是在自利利他的菩提大道上精進不懈。很自然的，我想去喇榮五明佛學院。因為到目前為止，我的所有學佛經歷基本上還停留在自學階段。

父母不答應我的要求，為了留住我的心，他們居然拚命給我找男朋友。這一過程卻讓我再次對世間法生起了強烈的出離之意。他們本想以兒女情長挽留我，卻不知這樣反倒促成了我的佛學院之行。

記得當時曾聽到父母與媒婆的一次對話，讓我大惑不解的是，父母竟與媒婆將我與那位尚未見面的男主角的各項條件一一對應。不過，短暫的不解過後，我馬上就明白，如果不逃出這段婚姻，我將和絕大多數自認為婚姻自主、美滿的男人女人一樣，投入婚姻的買賣關係中去。在世俗中，男女雙方如果沒有衡量對方的各項條件，這樣的婚姻幾乎就不叫婚姻了。

我不否認人類情感的真摯與偉大，但在一個以自我為中心，以我執為基礎的人際關係中，在一個越來越現代化、文明程度越來越高的社會裡，會不會有一天，愛情將墮落為僅僅是肉體的交換，或者所謂優勢互補的利用？

算了，把這一切全都拋諸腦後吧，到佛學院去，重新開闢自由生命的新天地。就這樣我來到了佛學院，在聞思了法王如意寶的甚深教言後，不久就在這裡出家了。

路是自己選擇的，沒有人可以把理想強加在我頭上。

仔細想想，人們都說最難戰勝的是自己，這話一點都不假。當有一天我們認清了自己，也認清了宇宙人生的真相，這句話的正確性就更可見一斑。那時你是繼續昏沉下去，還是繼續自我欺騙下去，還是起而與自己做一場最艱苦、但絕對是最有意義的鬥爭？

沒有智慧、沒有力量、沒有勇氣的人，可能都會選擇閉起眼睛、塞住耳朵的生活。更何況當今社會，還有太多太多的人根本就沒有能力認清自己。不瞭解生命本質的生存，都只是無意義的虛擲時光。

站在喇榮的神山上，望著廣闊無垠的天地，我經常在想：人生就是一曲奮鬥的樂章，我們用努力染紅一個又一個落日，又用生命迎來一輪又一輪朝陽。不知道死亡什麼時候降臨，但心中已有了終極的理想，又日日前行在實現目標的大路上，我將無懼任何無常的陰影。

有志者即使是在黃昏裡，心間也會洋溢著希望的晨光。

＊

圓吉敘述了她的理想與生活。她算得上是這裡漢僧中的老修行了，剛來時還曾當過管家。我們接觸的機會比較多，時間也比較長。佛學院年復一年的聞思修，讓她的正知正見日趨穩固。

當很多人在捨棄自己曾經有過的正見時，關於人生、佛法的定解更顯得彌足珍貴。如果只知隨順世間的風向，或者三天兩頭更換上師、改變見解，這樣的修行人肯定無法得到佛法的究竟利益。記得有一次在課堂上，我曾對四眾弟子說：「錢包、身分證等東西丟了，並不值得可惜。把正知正見丟了，才是最大的損失，因為你的慧命可能就此消失了。」

當時有位道友，回到歐洲後曾向人廣為宣講這句話。作為一名凡夫的語言，到處被引用並不值得驕傲，但他給我提供了一點資訊：「學佛首重知見正。」這一看法，能引起許多求道者的共鳴。

人們常說「十年窗下無人問，一舉成名天下知」，我想圓吉的精進聞思修也快近十年了。如果她能持久保有對佛法的正見，日後回到漢地弘法，一定能濟民利生。所有希求續佛慧命、自利利他的行者，都應牢記「護持正見」這個首要條件。

人生苦短，及時行善

我學會了打麻將、打紙牌等各種賭博方式，日夜狂賭，拿青春做賭注。

在百無聊賴中，過著行屍走肉般的生活。

我不想再遊戲人生。

圓色來見我時，淚水就像斷了線的珠子一樣簌簌落下。

我安慰他：「怎麼了？你哭什麼？」

他哭著：「上師，我騎摩托車，走了十三天，跋涉了兩千五百六十公里來到這裡，就是想剃度出家，請上師攝受我。」

如今的圓色已是個沙彌了，從受沙彌戒後有好長時間沒來找過我。當初他說自己從行屍走肉般的世間生活中逃到這裡，如今的他又有了怎樣的領悟？剛好有一天在路上碰見，我便問起他出家的一些情況。他講了很多，這是一個典型的浪子回頭的故事。

*

首先，我算不上是一個真正的知識份子，只不過由於姐姐的關係，曾到山西某黨校進修過三年經濟管理學，這才算是有了一個大專文憑。提起出家學佛，也許有人會問：「你生活不如意嗎？你失戀了嗎，還是受到了什麼打擊？」其實我的出家並非生活所迫，實際上，我自有我的人生軌跡，自有對選擇人生道路的認識。

出家之前，我有過一個溫暖的家，妻子賢慧美麗，女兒也乖巧可愛。雖免不了為一些小事和妻子吵吵鬧鬧，但習慣之後反而覺得那是一種情趣。七歲的女兒更是非常可愛，心煩的時候，只要她一出現，煩惱就一下子全變成了快樂，消失得無影無蹤。

工作上，我在現代化的實驗室中，做著幾乎不費任何體力的工作，舒適優雅的工作環境及每月可觀的收入也曾令外人十分羨慕。可能我還是有點福報吧，父親給我留下的一點遺產已使我提前加入到富人的行列中。

從以上各方面來衡量，我的條件應該算是不錯吧。是的，物質上確實是令人滿足了，可精神上呢？**假設一個人的物質條件很富足，卻沒有精神上解脫煩惱的方法，這個人一定會很快感到生活的空虛無奈**，他必定會去尋找各種各樣的刺激，以彌補心靈的空缺。我就是這樣的人。在沒有接觸佛法時，我就像站在人生的十字街頭，不知該往哪個方向走，經常盲目地隨波逐流，以致走了很多冤枉路。後來，當佛法的光輝開始在心中閃耀，我才從迷惘中驚醒，真正走上一條光明之路。這其中的緣由還得從頭說起。

在當今這個瞬息萬變的社會裡，心中如果沒有一個生活的目標，勢必會被社會的浪濤淹沒。在我的工作環境中，到處充斥著邪淫、放蕩，人們對此不以為恥、反以為榮。如果誰又有了一段「新奇經歷」，每天閒談的話題，不外乎是：這個女人怎樣，那個女人如何；今天吃什麼，明天吃什麼；你吃過貓、鼠沒有；你知道什麼是太監嗎？

整天在一大堆粗俗下流的胡扯中，我和周圍的同事們麻木而又本能地以尋求各種低級刺激來消磨時光。在這樣的大環境下，本來就心靈空虛、躁動不安的我，不可避免地受到很大的汙染。以我當時的認識水準來看，覺得人生在世還能有些什麼作為呢，不就是吃喝玩樂嗎？

看到這裡，每個人都會覺得我很壞，我當時也很討厭自己，對生活感到厭倦不堪，卻又不知如何擺脫，在百無聊賴中，過著行屍走肉般的生活。

現在的我常常會想到，佛法真是不可思議。即使是在眾生隔著厚厚的壁障時，佛陀的慈光也從沒有遠離過他們；而當眾生的因緣具足時，佛光則一定會在他們身上顯現。

或許是我的宿世善根成熟，有一天，當我無聊至極時，忽然想起前幾天一位老友送給我的兩本佛學書，於是便順手拿起亂翻起來。誰料不知不覺地，我就被書中的內容深深吸引。一口氣讀完，我如夢方醒。原來人生還有如此有意義的一面；原來生命可以永遠延續；原來人有前生後世、因果報應；原來得到人身如此不易……

同時我也醒悟到：世間教育灌輸的觀念，諸如「人死如燈滅」、「佛法是封建迷信」歪曲了佛法真理。我不禁為自己昔日的荒唐行為深感懊惱，重新做人的念頭在心中猛烈地激蕩著。我馬上停止了與那些庸俗之人的交往，一改往日放蕩的生活習慣，開始了依佛學法的新生活。

雖然我不明事理、稀里糊塗，所幸個性還比較剛強，一旦認定的事情，都會當機立斷地付諸實施。以前是用這種快刀斬亂麻的性格做壞事，現在已然知道了是非對錯，也能用這樣的性格痛改前非。後來，參加佛學會、參加寺廟的法會、看佛書便成了我生活的主要內容。每天都勵力改正自己的毛病習氣、懺悔罪障。在佛法的照耀中，我的人生重又煥發了光彩。**人們被生活的表面風光蒙蔽，往往忽視生命現象中最真實的一面——苦空無常**。佛陀雖已深刻地揭示了這個本性，世人卻將之斥為迷信，這是多麼可悲可歎。

在對佛法的體悟上，雖然我對甚深的般若法門領會不深，對佛法最基本的理念——人生無常，卻有深深的體會。學佛不久，工廠裡就發生了幾起傷亡事故，讓我大受震動，意識到自己和眾生實際上都處於無處不在的無常陰雲中。

第一件事是張兵的觸電死亡。在一次對現場事故的搶修中，好心的起重工張兵本想幫助電焊工拉線，不幸卻被安全電流擊中，當場死亡，死時年僅二十五歲。再過幾天就是他結婚成家的大喜日子，誰能料到，一個性格開朗、健談快樂的男孩就這樣離開了人世。

第二起工傷事故更讓人慘不忍睹。在煉鋼廠鋼爐前，一名加料工開著料車駛至加料口。當爐口向他傾斜過來時，他啟動按鈕向爐中加料。突然，伴隨著一聲不大的響聲，一團紅色火球從爐內噴射而出。爐前的他頓時變成可怕的火人。後來他被送進醫院，花了近四萬元醫療費後，勉強保住了性命。醫生給他身上百分之七十的部位都移植了豬皮，凡是前去探視過的人都說，他的形象簡直跟惡鬼差不多。

還有許多諸如被鋼罐砸成肉餅等的慘案，可這些全都是確鑿無疑的事實。在各大鋼鐵企業的安全檔案中，此類事故也是不勝枚舉。

人生有時真是太殘酷了，殘酷得讓人難以接受。很多身邊的朋友就是在那些飛來橫禍中失去了生命，這怎能不讓人感慨人生無常？

在每個人的心識田中都蘊含著無數的幸與不幸的種子，當幸運的種子成熟，你會有很好的運氣，一切安然，但當不幸的種子成熟，你能如何應對？有智慧的人通過對人生方方面面的觀察後，一定會得出「**人身難得，壽命無常**」的正知正見，並以勤行善法來改變命運，創造美好的人生。

在我短暫的人生旅途中，也曾經歷了很多險難，但每次都大難不死。這使我在慶幸之餘，更加感到生命的寶貴。於是我不再遊戲人生，不再將難得的人身耗費在對今生後世都無意義的放蕩行為中，而是依照佛陀的教誨，向菩提大道邁進。

聞思了一段時間的佛法後，一九九四年夏天，在一個陽光明媚的日子裡，我在一個著名的寺院裡求受了三皈依戒，正式成為一名佛教居士。

一個偶然的機會，我遇上了一位出家人。交談中他告訴我：「如果想真心學佛，就必須離開家鄉，到遠方的寂靜之處，依止具德大善知識、精進修行，才會有所成就。」他的話對我震動很大。經過長時間的深思熟慮，我終於下定決心：出家，到遠方去，依止大善知識去。

當我聽說雪域喇榮有殊勝的上師時，便騎了一輛摩托車，向心中的聖地——喇榮五明佛學院飛奔而去。

在上師的慈悲關懷下，不久，我便披上了袈裟。

現在，我過著安詳而平靜的修行生活。每天精進聞思修法，智慧越來越增上，心靈也越來越充實與清明，對未來的路更是信心滿滿：我將在上師的教導下，勇敢地走完那偉大的菩提道。

＊

受社會環境的影響，心中沒有定解的圓色也曾走過一段彎路，給自己的人生履歷留下了不光彩的一筆。但幸好，他已從頹靡的狀態中走出，趨入了佛法正道。

圓色的沉浮經歷總讓我聯想到其他的知識份子，那些所謂有知識、有文化的人，會不會也像圓色那樣沉淪在生活的底層而無力自拔？

記得我在學校讀書時，也曾遇到過不少優秀的同學。他們人格高尚、學習努力、上進心強，可一旦走上工作崗位，不良風氣的霧霾就會漸漸吞沒他們的良心。原來那些美好的品質被庸俗汙穢的心態取代，知識份子起碼的道德涵養消失殆盡，甚至為一己之私身陷牢獄。他們的墮落令人深思：難道社會的發展要以人性的扭曲為代價嗎？

內心深處總是閃耀著一個希望：願知識分子們都能吸收真正有價值的智慧蜂蜜，度過有意義的人生。

貳
總有一條路，值得你風塵僕僕

你想想，不管放得下放不下，最後關頭你不還得統統放下嗎？
是啊，自己如此貪愛執著的身體，最終都不得不放下，
更何況父母兒女呢？兒女亦如過客，有緣則相聚，緣盡還分手，
再癡情難捨，也抵擋不了無常的催逼。

有毒的不是理想，是對理想的恐懼

托爾斯泰對社會、人性的剖析深入骨髓，卻又沒有最終答案。我無所適從，懷疑什麼才是真實的人生。

大姐丟來一句：「你中毒了。」

這個社會充斥著千姿百態的芸芸眾生，每個人都在為了「理想」奔波。凡庸之輩熱衷於吃喝玩樂，在渾渾噩噩中揮霍人生；有才華、有膽識的人則在尋找生命的終極意義。而現實生活中，低級趣味往往比崇高理想更容易實現。所以不能只有一腔探尋真理的熱情，還應該具備公正的態度、持久的耐心，更為重要的，是真實智慧的指引。這正是圓洛一直想給周圍人們的由衷建議。

*

圓洛入藏已經多年。在這之前，他曾經嘗試了各種方法來探索人生真諦。西方哲學、孔孟老莊……一連串審慎的觀察、取捨後，他最終選擇深入佛法的智慧海洋。

印象最深的，是他眼目中的睿智光芒。這一線智光，從他的一篇關於理想的小學作文開始，閃耀至今。

思索人生，記得最早是從小學作文《我的理想》開始的。這個題目讓那時的我思緒萬千，工人、農民、解放軍、科學家……這些形象一個個浮現在大腦中，又被我一個個過濾掉。儘管後來作文得了個「優」，不解的我依然打破砂鍋地向老師提問：人活著到底為了什麼？

老師眼睛睜得大大地俯視著我，詫異的目光彷彿在說：這麼小的男孩怎麼會有這麼大的問題？不過，她還是在課堂上表揚了我，說我是個「愛思索問題的同學。」

又過了幾年，我十三歲，暑假沒事便到大姐家玩。等大姐上班後，我突然發現她家居然有那麼多的藏書，尤其讓人想不到的是，書櫃上赫然擺著一套《列夫．托爾斯泰全集》。我如飢似渴地翻看起來：《戰爭與和平》展示了漫漫的歷史畫卷；《安娜．卡列尼娜》裡的情感世界詭譎多變；《復活》的男主人翁生活在怎樣的一個懺悔與尷尬的兩難處境中……

托爾斯泰對社會、人性的剖析深入骨髓，卻又沒有最終答案。我無所適從，懷疑什麼才是真實的人生。當我向大姐提出一系列關於生命的困惑和思考時，大姐丟來一句：「你中毒了。」

中毒就中毒吧。隨著年齡的增長，我依然持續著對兒時疑問的探索。上大學後，我的思索漸漸變成一種執拗的對生存本質的質疑——對所謂正統說教下的硬性定義不可遏制的懷疑。好友們知道我喜歡探討人生意義都奉勸我：「何必那麼累呢？人活著能有好的工作、好的伴侶不就行了嗎？」

我卻不甘就此罷休。我對身邊的同事、親友、認識與不認識的人，做了一次小型的社會調查，讓對方用一句話概括人活著是為了什麼。後來大致得到了二十幾種答案：為了國家、為了社會、為了愛、為了孩子、為了人類的繁衍、為了錢、為了父母、為了地位、為了天倫之樂、為了活著而活著……

但再深究下去，我發現在所有美好或不美好、高尚或不高尚的言辭背後，都浸透著兩個字：傷害。因為幾乎沒有一個人能自由地、隨心所欲地生活。為了生活，為了活得更好，人一生都要進行永無休止的傷害行為……

既然在現實生活中尋求不到答案，我便又跑到西方哲理中去尋找。但大多數西方哲人的理論都讓我感覺莫名其妙——不是以偏概全，便是管中窺豹；不是執著於物質，便是推崇精神。直覺告訴我，真相應該不在這些理論當中。

可能跟我俗姓孟有關吧，西方思潮難以解答困惑，我就一頭扎進孔孟之道中，希望從老祖宗那裡得到些什麼。儒家教育我們犧牲小我成全大我，對社會、團體、父母盡職、盡責、盡孝的言行，正是體現了奉獻之本懷。

我開始在助人為樂的圈子中尋求自我價值，尋求一以貫之之道……但有一天，我忽然問自己：何為順應天道？天道如果是真理，我為何卻成了真理的奴隸？我為什麼不能發現真理、實踐真理，並最終向世界宣示真理？

接下來，我又把目光轉向了老莊。「結廬在人境，而無車馬喧。問君何能爾，心遠地自偏。采菊東籬下，悠然見南山。山氣日夕佳，飛鳥相與還。此中有真意，欲辨已忘言。」——陶淵明的話總是切中我的心懷。

在對隱士生活和神仙道家產生興趣後，《道藏精華錄》等就自然擺在了我的案前。但看了一陣後，又覺得不論符咒還是煉丹，大抵不出術數範圍。於是開始追根溯源，抱著《道德經》、《周易參同契》體味不已。

當時從京城白雲觀到成都青城山，我常常慕尋道長，祈請他們賜教一二。但當妄念紛飛時，我又遇到了與學儒時同樣的困惑。

儒道都已涉足，只剩下佛家。但當時我對佛家的理論卻一點也不想深入，我寧肯去涉足氣功領域，但轉了幾個圈後，發現大多數所謂的功法傳人無非是把道家理論稀釋一下而已，於生死又有何益？怎麼辦？沒什麼可辦的，那就繼續迷茫吧⋯⋯

大學畢業後我被分到一家出版社，每天上班時都要路過西四街口的廣濟寺。就這樣路過了幾年也沒想去寺裡看看。一個星期天，閒來無事，索性進去瞧個熱鬧，剛好碰到和尚們在誦經持咒，我也入鄉隨俗站在了男信眾之中。正在翹首東張西望時，後腰被人捅了一下，一個聲音警告道：「老實點，心要誠。」我忙向旁邊看去，只見他們大都恭敬合掌、儀態安然、雙目垂視，我便也煞有介事地閉起眼睛唸誦起來。

意想不到的是，剛剛閉上眼睛、稍微反觀自心，眼淚便奪眶而出，一種不可言喻的安詳頓時遍佈全身。我有些不好意思，倒是心裡一直在犯嘀咕：為什麼我會欣喜而泣呢？這陣子並沒有什麼令我大喜大憂的事發生，哪裡來的這些淚水？哪裡來的這麼強烈的歡喜？難道釋迦牟尼佛真是一個無形的大氣功師，隨便就能讓人生起喜怒哀樂？不行，我得再試試。

再次把雙目垂下，靜心內觀。天哪，淚水就像斷了線的珍珠，怎麼擋也擋不住。如同浪子回到闊別已久的家，如此踏實，如此安然……我在心裡抗拒著：該不會是神經質吧？但感覺告訴我，這一切都是那麼的真實。

再次擦去淚水，再度進入那種境界。算了，就讓這淚水汩汩地流吧……終於，法會散了，我的身心內外有一種重生的感覺。我問旁邊的人：「這是什麼法會？」一位老者告訴我：「這是紀念釋迦牟尼佛出家的法會。」一聽到出家二字，不知哪裡來的一股洶湧澎湃的力量，竟促使我產生了一個強烈的心念：我也要出家！

在此不贅述自己對人生意義的思考，我只想告訴大家：從二十四歲出家至今，十年的修行生活已讓我確信——**佛法是解脫生命之燈、點燃眾生慧命之火**。

圓洛曾希圖在各種善說中把握自己的命運，但最終還是選擇把一生安住於佛法大義之中。看過圓洛的經歷，無論你是佛教徒還是非佛教徒，都希望能思考一下，短暫的人生過後是否真的人去樓空？

*

越來越多的科學家已認同佛教的說法：這一世的死亡過後，還有遙遙無期的輪迴。除非早日了生脫死，否則將在六道中頭出頭沒，永無出期。只要明白了這一點，你必定會加快腳步踏上解脫的正道，必定會精進尋求駛向彼岸之舟。那時，你對佛法所宣講的生命科學和世間科學都會產生濃厚的興趣。

記得沈家禎博士曾說：「我本人是科學家，對科學很感興趣，我對佛法同樣感興趣，我個人認為佛法與科學是一而二、二而一的。」既然如此，如果你相信世間科學，又有什麼理由不相信佛法這門科學？想要參透生死的人們，不妨以圓洛為鑑，對此勉力思維。

越過十萬億佛土，還是在你心裡

鎖鏈可以鎖住身體，卻如何鎖住人心？
失去人心，法律的天平也永不可能公正。
一個沒有痛苦和不幸的極樂國土，
本就在我們的心間。

二〇〇〇年年末，佛學院舉行漢僧七部大論的結業考試。一千餘名漢族四眾弟子中，圓界以一百分的成績毋庸置疑地獲得了最高獎項。

單從外表，你可能看不出她身上的知識份子味道：永遠那麼樸素，永遠一副苦行僧的神情。但她有著扎實的聞思和成熟的智慧。她還精通世間的技藝，有一段時間給眾人做飯，她嫺熟異常的刀功與做菜技巧讓大家歎為觀止。

這位曾經的政治愛好者，在無數次苦悶的尋覓之後，終於將目標鎖定了深邃的佛法。不為個人的享樂，但求世道人心的太平。這正是知識份子「修身、齊家、治國、平天下」的心路縮影。

*

我於一九七一年出生，今年剛好三十歲。而立之年，回顧自己學佛的歷程，我想說如果沒有佛法，恐怕我永遠也不會有真正「立」起來的時候。

記得一九八九年考入四川師範學院政治系後，大一、大二我基本上是在與好友泡茶園中度過的。後兩年才痛感虛度光陰、毫無所獲，便一頭扎在圖書館裡開始潛心鑽研。那陣子，舉國上下一派經濟騰飛的景象。原本想在書山文海裡探出一條明達世事、洞悉人生的通天大路，但兩年的秉燭夜讀，卻讓我對書本上的答案越發疑惑。百思不解中，我從書堆裡抬起頭。這一抬頭不要緊，困惑的我很快被書齋外洶湧的經濟浪潮席捲而去。

也曾想在經濟大潮中做一番大事，結果見到的金錢風光卻讓我感到大煞風景。親戚家的幾個姐妹合股開公司，原想利益均沾，卻因為收入分配問題，親姐妹反目成仇，只好散夥而去，真應驗了「親兄弟明算帳」那句老話。

通過這場經濟糾紛，我隱約明白了金錢的魔力：錢可以讓你六親不認、發瘋發狂。但金錢真能帶給人安樂嗎？眼見周圍的許多人在經歷了苦難和貧窮之後，終於腰包漸鼓，但一旦陷入金錢的魔力磁場，卻欲罷不能，只能加快對財富的聚斂與貪婪。為了賺錢坑蒙拐騙，賺了錢則不離吃喝嫖賭。我終於看到：**僅僅依靠物質的富庶，不可能消除精神的貧困**；把幸福和安寧的賭注全部押在金錢上，未必就能如願以償。

帶著這樣的領悟與更多的疑惑，一九九三年畢業後，我來到墊江縣中學當起了一名政治教師，前後共達五年。儘管放棄了建購別墅、添置名車的美夢，我仍對這個社會充滿探究的熱望，於是選擇了人大法學院的民法專業作為考研目標。

小小的墊江縣中學又怎能讓我施展對未來社會的種種宏觀構想。我想以法治來約束人們過分貪婪的欲望，制衡社會方方面面的關係，強行把不規範、混亂、瘋狂、不均等病態的現象扭轉過來，使人類社會在法治的陽光下健康成長。然而在北京備考時，遇到的好幾起上訪事件卻讓我的熱望很快熄滅。

首先，我感到依法治國在一個「人治」觀念根深蒂固的國度裡會受到種種挑戰乃至扭曲；其次，社會上存在的不公與強權已遠遠超出了我的想像。我認識到自己的幼稚，法治如果不以一種文化心理作為底蘊，就只能從表面上調控人的行為，無法指望它實現社會人心的長治久安。就像鎖鏈可以鎖住身體，卻如何鎖住人心？什麼又是扭轉人心的內在驅力？我彷彿看到人生之海上，很多小舟在隨波沉浮，金錢和物欲的巨浪席捲而來，指路的燈塔卻在風雨中飄搖。

苦悶中，無意間看到了一位明朝理學家對佛門的讚嘆：「三代禮樂，盡在叢林中矣。」一句話把我的思路引向了佛學，我開始留意起從未關注過的佛教世界。

記得有一回，去一座小廟消夏，正逢一位老尼師圓寂。當她的遺像掛出時，我驚訝至極：那是一位秀麗的年輕女子，含笑的雙眸寫滿溫柔與慈愛。再對照眼前這個眼眶凹陷、牙齒脫落、永遠也不會醒來的老人，我怎麼也不能把二者聯繫起來。

一瞬間我想到了自己：現在穿著高跟鞋，相貌也還算年輕，但連衣裙裡的身軀會不會最終也像這位老人那樣乾癟、枯竭？答案是肯定的，深切的感傷和失落襲上心頭，但這就是事實，我終將成為過去。一剎那間，我想到了郭沫若筆下火中的鳳凰，牠涅槃後獲得了永生。我的生命是否也能如牠那般永生不滅？

從此，我更加專心向佛法裡尋找生命不滅的支柱。

一次遊五臺山，偶遇一師，他告訴我：「**世間幻化之事幻生幻滅，尋之如逐水中月影，終究了不可得**。唯佛陀宣示萬法唯心，能識取自心自可了知。」不過，這世間又有幾人知道，一切都是心的幻化？又有幾人知道，此心原本無有任何造作、無生無滅？又有幾人能像佛陀那樣，生生世世以生命為代價，向心的本性回歸挺進？又有幾人能像佛陀一般大悲心切，無處無時不現身為你照破無明？」

我言下有省，更堅定了參學的信念。就好像一層窗戶紙已明現於日頭光影之中，就差一拳捅破、打開自性壁壘了。來到佛學院後，方知所聞不虛。系統地聞思修後，才感到佛法「止於至善」。博大精深的思想體系，追求完美、棄惡從善的道德觀念，如法修行後不可思議的神通自在，乃至袪除身體的疾病等，都不足以說明佛法的全部。佛法的精髓在於：以五明解釋並涵蓋現代科學、哲學的研究成果，尤其對心的見解與實證更是讓現有的科學、哲學體系望塵莫及。

大腦黑箱一直是哲學家們困惑不已的謎，而佛陀在徹證了心的本性後，就已圓滿解決了這個問題。空性中顯現一切，一切又都化歸於空性。佛陀就這樣揭示了世界的真相，他說：**一個沒有痛苦和不幸的極樂國土，本就在我們的心間**。

回想過去，總會忍不住一聲歎息。在川師的圖書館裡泡了兩年，為什麼就沒有留意佛法？工作了五年居然沒有看過一本佛學書籍。只能把一切都歸之於因緣，就像因緣又讓我最終遇到了佛法一樣。

對金錢的追逐，讓我聞到了一絲銅臭氣；法治的無力則讓我感受到失去人心，法律的天平不可能公正。只有在佛教的世界裡，我才頭一次見識到能消除一切困惑的智慧。這種智慧源於每個人的內心，而愛心則是它最肥沃的土壤。但太多的人看不到它的枝繁葉茂，更看不到它的纍纍碩果，因為被外物蒙蔽了智慧的眼睛。

得出這些定解後，二〇〇一年六月，我下定決心出家修道。記得那天的天氣並不晴朗，但我的心充滿陽光——這一剃度我自知放掉多少煩惱與業障，從此可以輕裝前行在菩提道上。學佛之路才剛剛起步，但我相信後面的路會越走越寬闊、越走越光明。

*

圓界從一個想以法律建設美好社會的政治愛好者，轉而成為一個認定出世間唯有佛法才是最有意義、最值得為之獻身的出家人。

世間的許多政治風雲人物，也從各自的人生經驗中得出過大致相同的對社會人生的看法，比如清末著名愛國政治家林則徐，在《十無益》中就這樣說過：「存心不善，風水無益……為富不仁，積聚無益……」而這「存心」之善惡、「為富」之仁與不仁，並非一種政治體制或法律規則所能強行決定與扭轉的。所謂的天時地利、物質積累，若沒有人心的建設相配套，都不會對倫理道德與精神生活產生決定性的正面影響。

世道存乎人心，佛法則是最好的調心法門。

總有一條路，值得你風塵僕僕

在火車上站了近兩天兩夜後，
又連夜趕乘顛簸搖晃的長途班車。
吃速食麵，住最便宜的旅店，一路風塵僕僕，幾乎身無分文……
這是我苦苦追尋數十年的光明之路。

圓得就住在離我很近的地方，每次回家我都要路過他門口。有時我會好奇地駐足，「偷聽」一會兒他房裡的動靜。欣慰的是，每次聽到的是他在唸經或持誦咒語，就是和一兩個小和尚辯經。繼續「偷窺」下去，發現他除了做飯以外，時間基本上都花在了參禪打坐或聞思經論上。日子久了，我對他的精進聞思修產生了非常大的好感，如果他能這樣堅持下去，說不定一塊弘法利生的璞玉就此誕生。聽說他在廣西大學時也是位學生「名人」，不僅學習成績一流，在各項社會活動中都曾經出類拔萃。

在世間風光無限的人，會有怎樣的出家經歷？趁著打水路過他家，我邁進了他的小木屋。當時他正在做晚飯，看到我來急忙邀請我「共餐」。我笑著說：「不用了，就講講你的出家經歷吧，這精神食糧我更需要。」圓得說，幾十年不安分的追尋，源於心中對真理無法遏止的熱望。

以下的文字，是他為我們精心準備的「晚餐」。

＊

我的俗名叫雷斌，二〇〇〇年在佛學院出家後取法名圓得。對於我的出家，所有熟悉我的親友都非常吃驚，大惑不解？真是不可思議。在世間人看來，一個走投無路的人出家很正常，但一個學業有成、積極進取、生活美滿的人出家，只有可能是大腦出了問題。

到底是誰的大腦出了問題？

記得小時候在與夥伴們玩耍時，我就經常愛刨根問底：「宇宙到底有多大？它有沒有開端和結局？」，「最小的物質是什麼？」，「有沒有外星人？」，「世界上有沒有比光速更快的東西？」，「心到底是什麼？」……同齡人答不上來，大人們也回答不出。等到入了學堂，又向被喻為人類靈魂工程師的老師們逐一請教，他們要麼回答不出，要麼搪塞了事，又或許會說：「這個問題太深奧，就算現在給你解答，你也不懂。等考上大學，你就會明白了。」

等到一九九三年考入廣西大學化工機械與設備專業的大專班時，我終於有機會向學識淵博的教授們請教，然而答案卻遠遠不能滿足我等待了近二十年的渴望。比如問到宇宙到底多大，幾乎所有教授們的回答都是：宇宙無邊無際。理由不外乎是，目前最先進的天文望遠鏡都觀察不出宇宙空間的邊際，而可靠的理論依據卻拿不出來。

難道用天文望遠鏡看不到宇宙的邊際，就可以推斷宇宙無邊無際嗎？如果是這樣，用望遠鏡、顯微鏡等看不到香味、聲音及心識，就可以認為這些都不存在嗎？倒是物理學家法拉第的一句話給了我很大的啟示：「科學不能完全解釋一切事物的本相。」

從小到大，除了對自然現象感興趣之外，我也一直思考一些社會問題。當「按需分配」這幾個字第一次進入我的視野時，我真的很興奮，以為未來社會的美好藍圖總有一天會實現。等接觸社會時日一長，就發現這個藍圖能否實現，實在是讓人大感懷疑。

按需分配首先建立在物質生活極其富裕的基礎上，但有個成語叫「欲壑難填」，對於一個貪得無厭的人，就算把全世界的財物都給他，他也還會「人心不足蛇吞象」。在貪婪者的眼中，整個世間的財富都是「家天下」的，他如何能坐視自己與他人利益均沾？不從人心改造入手，光是等待精神文明自動隨著物質文明的提高而提高，要想實現「按需分配」恐怕是天方夜譚。

從小就希望找到許多問題的答案，並把這種希望寄託在長大、考大學上。但當我終於長大，考上大學，困惑非但沒有消除，反而越積越多。當一個人失去了精神支柱，內心深處的恐懼、失落、徬徨與不安是難以想像的。

大學期間，這些問題一直徘徊在我的腦海裡，而我不想得過且過、隨波逐流。痛苦就痛苦吧！還是要繼續踏上追求真理之路。於是我幾乎所有的時間都泡在圖書館裡，試圖在書山裡尋找新的精神支柱。

一個偶然的機會，我遇到了一位比較有名，據說是傳授佛家氣功的氣功師。其超乎尋常的能力和謙遜善良的人格，使我頓生好感與敬佩。跟著他修煉了一段時間，我開始走進佛教、道教、周易中去，以求瞭解這些現象背後的原因。

我開始反覆閱讀《楞嚴經》、《金剛經》、《心經》、《古蘭經》、《道德經》、

《論語》、《孟子》、《周易》等各宗派有代表性的經典。在廣泛瞭解的過程中，我漸漸明白，近年來很多新興的氣功，大多數「自創」的功法，說穿了不過是氣功師「剪刀加漿糊式」地從佛教和道教的修持方法中剪裁拼湊而來。不過我還是很感激我的氣功老師，沒有這段過渡，我也邁不進佛門。正因為發現了氣功的不究竟，才啟發我去找尋源頭。

再進一步對比其他宗教，別的不說，單從人格而言，大部分宗教所信仰的天神，一發起火來就懲罰匍匐在他們腳下的人類。對比諸佛菩薩的悲心願力，其差距不可以道里計。如果本著客觀的態度，以平和的心自己深入探究，誰都能得出這個結論。

更讓人感動的是，沒有一個宗教能像佛教那樣，公開宣稱信徒與「教主」在本性上無二無別，更不敢宣稱信徒們通過返回自性的修行，能達到與「教主」無二無別的境界。像禪宗所說「**眾生皆有佛性**」的這種大平等、大慈悲，在任何標榜善行、博愛的宗教中都了無是處。因為了達空性的般若大智，才能了達真正的諸法平等，也才能達至「同體大悲，無緣大慈」的最究竟處。

翻閱《楞嚴經》時，看到「觀音耳根圓通章」的一段文字：「初於聞中，入流亡所，所入既寂……」不禁朗聲唸誦起來，讓我對它的信心又深入了一層。

一九九四年觀音成道日那天，在一座尼姑庵裡，我遇到一位皈依多年的女居士。她莊重的舉止、文雅的談吐、調柔的神情，以及用平和、安詳的語調流瀉出的妙法甘露，深深滋潤了我的心田，使我的心從空虛煩悶中得到暫時的解脫。這一偶遇，讓我深深體會到了佛法的巨大力量——它能改造一個人，使他的身心從痛苦、煩惱中徹底釋放，獲得自在與安樂。

不僅如此，它還能使一個修習者自覺或不自覺地去感化周圍的人。而這正是我苦苦追尋了十幾年的人生最高目標。通過反覆思維、抉擇，我對佛教從內心深處生起了強大的信心，並最終於一九九五年農曆三月二十四日正式皈依三寶，邁出一生中具有決定性意義的一步。

不過這一步邁得卻是那樣的艱難。每次與家人一起吃飯，全家就會對我的信佛、吃素及放生召開「批鬥會」。一次家中殺雞，我看不下去，上前好言相勸。結果母親大發雷霆，指著我的鼻子大罵一頓。我卻一反常態，一言不發地站在那裡默默流淚、默默承受，最後母親吃驚地望著我放下了手中的刀。我心裡明白，佛法已開始滲入我的靈魂，並逐漸地重新塑造我。

在學校，同學們對我的學佛舉動最初也是冷嘲不已。有一次我在宿舍盤腿而坐，專心致志地看《金剛經》。兩個同學看到後，立刻交頭接耳、擠眉弄眼。一個上前說：「哎喲，大師，您這是老僧入定——死不出來啊。」另一個則學著我的腔調說：「咦，怎麼有一股窮酸氣？好酸，好臭。」接下來兩人一陣笑。

我緩緩地抬起頭，目光慈善柔和，靜靜地看著他們。過了一會兒，他們鬧也鬧夠了，笑也笑足了，靜下來皮笑肉不笑地看著我。當他們的目光與我柔和的目光相遇時，笑容不禁慢慢收斂起來，臉也開始變紅了，然後你看看我，我看看你，不好意思地走了。

佛法，**只有佛法才能漸漸洗去我暴躁的惡習，調柔我的身心，讓我意識到這個世界上根本不存在一個所謂的「我」**，那麼我的煩惱、我的感受豈不是空中蓮花，又有什麼好執著？母親後來評價我說：「學佛以前整個是一大鬧天宮的小將，學佛後倒像個大善人了。」

接觸佛教久了，發現佛法確實不離世間覺。佛教「五明」之中有所謂工巧明，而我的專業也需要我經常進行一些機械製圖。我發現佛像繪畫，特別是藏密的唐卡，在嚴謹的特性上與機械製圖很相似。唐卡繪畫，對比例有嚴格的限定，對佈局、著色、結構也有明確的規定。

我曾經看過一幅宗喀巴大師像，畫像雖不大，但用放大鏡看，你會發現，畫師在宗大師的眼睛裡居然還畫有一尊非常精美傳神的蓮花生大師像。此唐卡無論從佈局、比例還是線條、色彩乃至神韻上，都無可挑剔、精微無比，讓人讚不絕口、信心頓增。

除了工巧明，還有醫方明、聲明、因明及內明，無不是在講解宇宙實相及度化眾生的善巧方便，我所理解的只不過是滄海一粟。

我就這樣邊學佛邊讀書，邊學佛邊自我完善。日子久了，越來越體會到，必須要找到根本上師來調教自己，否則自學到一定程度就很難突破，只能故步自封。

在一位居士的來信中，我看到了喇榮五明佛學院法王如意寶的名字，當時就心潮澎湃、激動不已。

一九九五年五月中旬，我毅然奔赴心中日思夜想的聖地——喇榮五明佛學院。瞞著學校、家人，在火車上站了近兩天兩夜後，又連夜趕乘顛簸搖晃的長途班車。吃速食麵，住最便宜的旅店，一路風塵僕僕，幾乎身無分文……這是我苦苦追尋數十年的光明之路。

終於，我見到了心目中的聖者——法王如意寶。當時便再也抑制不住自己無比激動的情緒，一下撲到上師跟前，頂禮膜拜。他老人家以無比慈祥的目光望著我，伸出柔和的大手在我頭上輕輕地摸頂加持。一種無法言喻的感應讓我覺得，我的心與上師的心竟是如此貼近。從此以後，我就成了法王座下一名虔誠的弟子。

從一九九五年到二〇〇〇年，這五年我多次往返於家鄉與佛學院之間。正如法王如意寶親口所說的那樣：「住在喇榮好好聞思修，哪怕只有一天，也比在神山閉關九年的功德還要大。」特別是一九九八年，在佛學院長住了近一年後，我終於明白了這裡為什麼要稱為喇榮——一到此地即想出家之義。

萌發出家的念頭後，一九九八年一年內，未婚妻兩次不遠千里乘飛機趕來，聲淚俱下地勸我。看著哭成淚人的她，我的心也一陣陣地酸痛，本來準備好要說的許多理由，也不忍心再說出口了。特別是聽她說：「我們兩家的父母，尤其是你外婆，都很掛念你，巴望著你回家，想在臨終前再見上你一面……」聽著聽著，我的眼眶也濕潤了。想到年邁的父母，想到每次離家，外婆顫巍巍送我到門口，一直到我消失還在那裡望著……我的心就一陣陣內疚。事已至此，我也沒辦法，只好把出家之事緩一緩。

修完五加行，我就跟未婚妻回了趟家。雙方家長對我軟磨硬施，不容分說就給我們辦了婚事。就這樣，我被婚姻的鐐銬箍住手腳，這一箍就是一年。婚後的生活在平淡無聊中悄悄地過去。而外婆和父親的相繼離世更讓我對這個塵世生起了堅定的厭離心，我又一次面臨何去何從的抉擇。

我開始反思自己遲遲下不了決心的原因。藕益大師說：出家人造業如陸地行船，在家人造業如大海泛舟。《時輪金剛續》中說：密乘比丘為上根，密乘沙彌為中根，密乘居士為下根。顯然，不論顯密，對出家都極為推崇，而許多年輕居士不肯出家的主要原因，恐怕還是放不下貪欲。但法王如意寶說過：**貪欲如鹽水，越喝越渴**。

反覆思考後，終於下定了決心。我再也不要來來回回奔波在佛學院與家鄉之間。就把佛學院當作最後的家吧。

出家後，原先的妻子從國外給我寫了一封長長的信，我沒有回覆。在我的沉默當中有對她無盡的祝福。遠離了鬧市的喧囂與駁雜，平復了內心的失落與惶恐。在一間小小的板皮房子裡，吃著粗茶淡飯，我卻享受著世上最美的人生樂趣——在佛法的藍天下，自由地飛翔。

等圓得講完他的人生抉擇，飯已經完全涼了。一邊回味，一邊離開他的小木屋。此時的天空正是傍晚的尾聲，太陽即將落在西山背後，嗡嗡鬧了一天的蜜蜂、蝴蝶也趕著回巢。環視整個喇榮溝，我發現所有的山河大地、房舍人家都披上了一層金黃的妙衣，連人的臉也被夕陽鑲上了一層柔和的光暈。

*

一個小和尚看到我手中的水桶便過來幫忙，等他把水桶放到我屋裡的地板上，我發現他的目光正盯著房間的一個角落，原來是一個又圓又大的蘋果。

這個小和尚出家前一直生活在內地的大城市裡，來到這寂靜的山溝後，恐怕已多日未嘗到蘋果的滋味了。我連忙微笑著把蘋果遞到他手裡，他立馬接過，咬了一大口，臉上掛著抑制不住的歡喜，就這麼邊吃邊走地離開了我的院子……

不怕打破砂鍋，只怕問不到底

在染色體的複製過程中，某個基因的位置改變，便能導致整個染色體的變化，這被稱為「基因突變」。為什麼會有這樣的突變，人們只能把它歸於「偶然」。

但，「偶然」又是什麼？

想到圓讓，就想起去年發生在她身上的那件「悲慘事件」。當時，她正要開始在佛學院的聞思修生活，家人突然趕來強行將她押送回家。萬般無奈中，她流著淚坐進家人包租的小車。當她扶著車門回望佛學院，那個鏡頭在我心中成為定格——她的臉色煞白，眼裡是無盡的留戀與酸楚。

家人氣勢洶洶地將她推進車裡，飛快地駛離佛學院。天上刮著狂風，汽車捲起一股黃塵，迅速消失在茫茫暮色中。我的心也隨著緊揪起來。圓讓是一塊修法的好坯子，話不多，人很穩重，對修行也比較精進，但她畢竟離「八風吹不動」的定境還相去甚遠。這樣的人一旦落入城市的滾滾紅塵，會不會心隨境轉，就此湮滅無蹤？

好在今年春暖花開時，圓讓又出現在佛學院。一年的磨練，讓她堅強了許多。城市的光怪陸離反而培養出她堅定的出離心。她鄭重地向我提出：「我要出家。」

當剪髮刀觸到她一頭濃密的黑髮時，她的嘴唇在微微抖動。我知道她有太多的話要說。剃髮結束，世間從此少了一位困惑的基因學者，多了一位埋首於真理的出家人。她說偶然的背後，一定有著某種必然，就像她此時的選擇。

*

我出生於二十世紀七〇年代初。聽媽媽講，她當初懷上我時，姐姐已快四歲了，爸爸媽媽工作又很忙，如果家裡再添一個孩子，只會增加更多的麻煩，所以媽媽不想要我。但有一天，當路過一家鐵匠鋪門前時，她偶然聽到這麼一句話：「孩子多是好，是啊！連打架也多個幫手。」這話提醒了媽媽，她想：一個孩子多孤單呀，的確也該有個伴兒。於是，這次「偶然」事件，姐姐就有了我這個調皮的小妹妹。

身為高知識份子的父母，對我們姐妹倆的教育非常重視。從小到大，我們都在少兒科技雜誌的伴隨下成長。家裡的收錄音機、縫紉機、電風扇等所有能拆開的東西，都成了我研究的對象。有時候拆開一次沒弄明白，我就會反覆拆裝幾次，所以常常有弄壞東西的時候。每當此時，媽媽總是無奈地嘮叨，但爸爸卻總是一言不發，笑咪咪地把它們拿出去修理。

家裡唯一沒讓我拆過的東西就是彩電了，因為每天下午六點半的動畫片實在太吸引人，我擔心萬一弄壞了，不但自己看不上電視，連聚到我家的小朋友都會很失望。

我仍能清楚地記得上小學時發生的一件事。那年，班上一位同學的媽媽出車禍死了，老師說，以後同學們要多關心、幫助他。聽到這話，我的心猛地一揪，一放學，我就飛也似的跑回家，上氣不接下氣地把此事報告給正忙著做飯的媽媽。我傷心地說：「他從此就沒有了媽媽，要是生病了，誰給他餵飯、擦身呢？他還不到十歲呢，為什麼他媽媽會被撞死呢？」媽媽並沒停下手中的活，只是嘆口氣說：「偶然的吧，這有什麼辦法呢？」聽到媽媽的話，我馬上大哭起來，這「偶然」真是太可怕了，萬一哪天我媽媽也「偶然」死掉了，我該怎麼辦？這個陰影從此在我幼小的心中揮之不去。

時間過得飛快，不知不覺迎來了高考。我自幼想當醫生，本想報考外省一所知名的中醫學院，卻因低估了三十多分，只填報了本省的醫科大學，並最終學了西醫。自從踏進校門，我便因清麗脫俗的外表成為眾人注目的焦點，在一片恭維聲中，我開始盡情享受起絢爛多姿的大學生活。

某堂胚胎學課中，老師詳細講解著人胎的發育過程：由一個受精卵細胞，經過複雜的分化、分裂，最後形成健康的胎兒，其間每一個細微的環節都可能出現異常，從而導致各種先天疾病的發生，所以一個健康的生命是如此來之不易。而在引發疾病的諸多原因中，有一些如服藥不當、人為輻射線照射、母親的不良生活習慣等都是可以控制的，但像病毒感染（如感冒）、意外接觸射線、毒物等是不能預防或控制的。對這類疾病，人類所能想到的最終原因也只能是「偶然性發生」，除此之外，就再也找不到更究竟的答案。

五年的大學生活結束後，我被分配在本市一家醫院某科室當大夫。科主任是愛才之人，因我基礎扎實又聰明好學，很快就把我提拔成科研活動的中心幹部，我們在兩年中的研究成果還獲得了「科技進步獎」。三年後，我決定繼續回母校攻讀碩士研究生課程。分子生物學是我們的必修課，眼下最熱門的「克隆動物技術」就是其下的課題。

現代醫學對多種疾病的病理研究已達到了分子水準，尤其是遺傳性疾病，大家都知道那多半是由於染色體異常造成的。通過對分子生物學的研究，人們發現，在染色體長長的分子鏈上，在染色體的複製過程中，某個基因的位置改變，便能導致整個染色體的變化，這被稱為「基因突變」。為什麼會有這樣的突變，人們卻只能把它歸於「偶然」。

但，「偶然」又是什麼？

終於有一天，我偶然看到了一本佛學書籍。書中談到的關於地球壽命的計算方法，其結果與現代科學計算出來的資料有著驚人的相似。我大惑不解，佛經是兩千多年前由釋迦牟尼佛宣說的，而科學家直到西元十幾世紀才研究出一個大致輪廓，佛是怎樣想到的呢？

佛經中有關於細胞的描述（只是名稱不同），而科學家在十六世紀發明了顯微鏡後，才看到細胞的粗略結構，佛又是用什麼看到的呢？還有，關於生命及胎兒發育的複雜過程，《阿難入胎經》中竟有著詳細的介紹，佛又是從何得知的呢？既然釋迦牟尼佛具有如此驚人的智慧，那他一定知道宇宙生命的全部答案，也一定知道為什麼會有「偶然」。

我滿懷興趣地進一步研究下去，發現佛教基本的教理就是因果和輪迴。簡言之，因果就是「善有善報，惡有惡報」；輪迴就是說人死後其神識不滅，還可轉生為人、畜生、鬼神等。

用因果和輪迴來解釋，「偶然」的答案就不言而喻了。原來有許多現世見到的結果不一定是今生導致的，它們可能是在前世種下的因；現世所做的善事或惡行也不一定能在今生結果，而有可能會等到來世才果報現前。

佛所說的道理，有些已被現代科學證實，有些現代科學還暫時無法解釋，但絕不能因此就否定其合理性。從佛經中可以找到宇宙人生的一切答案，也有令所有生命離苦得樂的途徑，這些在其他學科中都難以獲得。得出這個結論後，我放棄了攻讀醫學碩士的機會，選擇了發心出家學佛的道路，因為我想沿著佛陀所指引的解脫之道，去尋求真正的智慧和快樂。

*

聽完圓讓的講述，我的心甚感快慰。這樣的年輕人，拋家捨俗走上出家之路真的很不容易。也許有些人會為她感到惋惜。但我想，對一顆坦誠求道、努力求真的心，我們沒有理由妄加蔑斥。**有些價值，也許需要很長的時間才會顯露**，但人生無常如曇花，當你意識到時，可能已垂垂老矣。

莫待年老方學道，孤墳多是少年人。

親得離塵垢，子道方成就

母親愛我甚於她的生命，每次我生病，
她就手忙腳亂甚至徹夜守候，唯恐我有閃失，
見病情好轉便又歡欣不已；凡有好吃的無不讓我先嘗，
自己則在一旁笑咪咪地看著我……
我深感此生欠母親太多，或許唯有努力修行，
方能回報她的深恩。

佛陀專門宣講過《父母恩難報經》，佛經中也多次提到父母恩重，如山似海。無論世間法還是出世間法，無不諄諄教誨為人子女要孝養父母，要懂報恩。但什麼才是真正的報恩呢？

甯瑪巴偉大的修行人華智仁波切說，最好的報恩，是以行持善法、佛法的功德回向父母，並能帶動父母親自修持佛法；如果以造惡業掙來的名利孝養父母，有害無益。但是在濁浪撲天的物欲大潮中，又有幾人懂得用佛法來報父母深恩呢？

圓波正是其中的一個。小夥子畢業於西南林學院，工作後經常處在世俗應酬與學佛的矛盾、出家專修與難捨父母親情的糾葛中。但最終他還是來佛學院出家了。提到遠方的故園，這張憨厚的臉上，有深沉的情感，卻沒有絲毫的猶疑。

＊

如果我是老師，我會問學生們這樣一個問題：你們為什麼而活著？可能很多人都沒有考慮過。現實生活中，有人純粹為了一日三餐，有人則為了暫時的安樂……到底為何而活，林林總總，莫衷一是。

這個疑團從小學到大三，也一直困擾著我。直到某天，在一個偶然的機會裡接觸到佛法，才使困擾了我十幾年的疑惑得以化解。此中因緣可謂說來話長。我叫圓波，今年三十歲，出生於一個農村家庭。小時候，我連佛號也沒聽說過，與佛教的最大連結不過是逢年過節隨母親去附近的神廟上上香、磕幾個頭，如此而已。即使偶遇出家人也會不由得心生邪見，視其為毫無出息、庸庸碌碌之輩。甚至還誤以為做和尚都是因生活所迫，或人生失意、逃避現實。若不是大學畢業前的那次南嶽之行，這些錯誤的認識還將一直延續下去。

一九九四年，我們選擇了南嶽衡山作為畢業實習的地點。緊張的實習之餘，我們也會抽空去寺院參觀。強烈的好奇心驅使我仔細聆聽了平日裡難得一聞的悅耳梵唄，還有廟裡的悠揚鐘聲，附帶著也瞭解了一些佛教歷史……每當面對虔誠的信眾，就不由得讓我肅然起敬，但同時也大惑不解：是什麼動力使他們雖無人約束但秩序井然？他們何故要放棄優越的生活條件，來此深山僻野「受苦」？更不解的是，佛教傳入我國已達兩千年之久，非但沒有衰落，反而愈加深入人心……

帶著滿腦子的疑問，我不知不覺走進了佛經流通處。那裡陳列著的眾多經典讓人目不暇接，不得不驚歎佛法的博大精深；桌上的唸佛機發出陣陣悠揚的「南無觀世音菩薩」的聖號聲，有如天籟。流通處的老居士還非常和藹地向我一一介紹那些典籍的大致內容。最後我請了《竹窗隨筆》和《覺海慈航》這兩本書。回到住處慢慢翻閱，想不到越看越感到佛法的不可思議，一發不可收拾，直看到傍晚時分。放下書本，我忽感平生似乎從未看過如此發人深省的好書，自此算是深深地體味到了醍醐灌頂般的清涼。自那以後，我便與佛教結下了難捨之緣。這應該算是我的學佛緣起吧。

畢業後，我被分配到林場，雖然環境改變了，我卻從未放鬆過對佛學的研究。林場山高樹密，是修身養性的好地方。我經常一大早先於別人而起，爬上半山坡，迎著朝陽，在樹下誦早課，下班後又這樣誦完晚課。半年之中，一切都是這麼按部就班地悄悄進行，從未間斷。後來我被派往基層進行林業普查，每天都得翻山越嶺，即便如此，我也沒有間斷過課誦——口袋裡裝的不是人民幣，而是一本記事本和一本唸誦集。

在家學佛，困難還是不小。比如後來調到縣城的辦公室後，應酬就特別多，尤其是每次隨經理外出，在飯店吃飯，我心裡就犯愁。他們都習慣於大魚大肉，我卻已發心吃素，這該如何是好？

學佛日深，我漸漸萌發了出家的念頭。可是面對日漸衰老的雙親，憶及他們對我無微不至的關愛，就不忍心撒手不管。我對父母歷來都是百依百順的，難道學了佛便要「大逆不道」嗎？原本想待父母終老後再做打算，可是轉念一想，真要等到那時，我豈不也要為人夫為人父了，兒女情長，糾纏不清，或許永遠也出不了家。難怪古人云「出家乃大丈夫所為」。

心中惆悵之時，一九九六年我便南下廣東，在一家外資企業謀了份差事。老闆是香港人，誠信佛法。那時我一邊上班一邊帶領十幾位員工學佛，因而很受老闆器重，但我心中還是念念不忘出家之志。

一次，我們要印行妙蓮法師的《往生有分》，客戶要求將原版的繁體字改為簡體字，以方便初學者，老闆便將這項工作交由我去完成。對老闆的信任，我不敢有絲毫馬虎，便逐字逐句地反覆校對。以前看書，我從未如此仔細，因此對書中字句的印象和感受都極為深刻。特別到了第三遍校對，受妙蓮老和尚「平生最喜勸人出家」這句話的點化，我心中豁然開朗，以前的惆悵一掃而空，當下就立定了志向：欲真報父母恩，非出家不可。

但此事如何向父母表白呢？我自幼孝順父母，極不願傷他們的心。面對父母的呵護有加，心中格外矛盾，幾次話到嘴邊又不得不咽回去。畢竟人非草木，孰能無情？母親已不再年輕，她那脆弱的心，能承受得了這對她來說或許是致命的打擊嗎？母親愛我甚於她的生命，每次我生病，她就手忙腳亂甚至徹夜守候，唯恐我有閃失，見病情好轉便又歡欣不已；凡有好吃的無不讓我先嘗，自己則在一旁笑咪咪地看著我……但最後我還是鼓起了勇氣，「殘忍」地向母親坦白。

母親先是一怔，繼而不停地哭，最後鄭重地警告我：「倘若你出家，我就跳河自殺。」我頓時方寸大亂，不知如何是好，原先的一切計畫全被打亂了。為了不讓母親過於傷心，我只好暫時順從了她。然而經過一兩個月的反覆考慮後，最終我還是毅然走出了家門。

記得當時，給母親留了張字條後，我便頭也不回地奔赴佛學院，一路上不停地祈禱觀世音菩薩，乞求她加庇我的雙親。後來得知，母親因此哭昏過去好幾回，還引發了高血壓。我深感此生欠母親太多，或許唯有努力修行，方能回報她的深恩。

現在，雖然我已邁出了艱難的第一步，但未來的路還很長很長。講述我的經歷，並非鼓動人出家，只是想奉勸有緣的知識界朋友，為了生活能更有價值、更有意義，不妨多瞭解、瞭解佛法。**人身難得，請善加珍惜**。

＊

圓波的出家，是一個具有智慧的知識份子，在排除了一時衝動、盲目隨眾後的明智選擇，也是他往昔的殊勝因緣成熟，才使他得以走上這條光明之路。今天的人們，往往對身著世尊親定袈裟的出家人不知恭敬，其實在歷史上，中國絕大多數的帝王將相對出家人都是恭敬頂戴的。按照佛教的觀點，一個人哪怕沒有其他的功德，只要披上僧衣，也會對眾生有所利益。

僧眾就像光芒四射的太陽，眾生整日沐浴在他們的光輝下，卻往往忽略了他們珍貴而無聲的存在。著名詩人歌德對太陽的一番禮讚，十分適合做本文的結尾：「朋友們，朝著太陽奔去吧，為了人類的幸福之花快點開放。擋住太陽的樹葉能怎麼樣？樹枝能怎麼樣？撥開它們，向著太陽，努力奮鬥吧。」

聽你千遍，總會厭倦

我也曾自詡為搞藝術的，但當我明白，所謂的高雅、低俗都只在一時；
美妙的歌聲也不過是聲波的振動；
人們沉迷其中，然後曲終人散……
我決定前往那片寂靜的深山。

我寫過一首歌，人們稱之為《修行之歌》。圓休很喜歡唱它。

「茫茫無邊的紅塵，是我拋棄的故鄉。巍峨雄偉的雪山，是我修行的地方。法相圓滿的上師，是我終生的怙主……」

她曾是著名的蒙古族歌劇演員，在不長的歌壇生涯中，也贏得了眾多的掌聲和嘉獎。

然而，這些並沒有讓她迷亂，在藝術生命正鼎盛的時期，她悄然謝幕，前往雪域高原出家。

她說要唱永恆的歌。

*

我在呼倫貝爾盟（今呼倫貝爾市）的紮蘭屯市長大，這個城市並不太大，風景卻很秀美。位於松花江上游的雅魯河穿城而過，人們都稱這裡是「塞外小杭州」。一方水土養一方人，這裡的人們在單純明朗的山水間養成了純樸善良的品性，我的父親便是其中的代表。他信奉佛法，人品賢善，對我更是慈愛非常。

小時候的我十分嬌氣，常常以哭鬧糾纏他。記得一次，我又無緣無故大哭，一哭便什麼都不顧了。父親邊哄邊抱起我，但我仍使勁地哭鬧，他實在沒辦法，就唸起了觀音六字大明咒「嗡瑪尼貝美吽」。聽到這咒語，我馬上停止了哭鬧，接著又纏著父親，非要他一遍又一遍地給我重複這句咒語，這也許就是我幼時的佛法啟蒙吧。

在我成長的過程中，善良正直的父親常常用世間道理和佛法中的道理來教育我，諸如：**對待他人要將心比心；與人發生矛盾時要多思己過；受人滴水之恩，當以湧泉相報**

等。父親的言傳身教為我後來修學佛法打下了良好的人格基礎。

母親對我的要求也非常嚴格，她從不嬌慣我，儘量讓我學做各種家務，洗衣、做飯、餵豬、放羊。在她的管教下，這些日常勞作，我在很小的時候就全部掌握。父母的培養造就了我吃苦耐勞、堅忍不拔的性格，使我在後來的日子裡，不管遇到任何難事，都能泰然處之。

雖然沒有胡服騎射的英勇，我卻有一副天生的好嗓子，也非常喜歡唱歌。真正學佛以後，我常常這樣推測：大概我的前世是一個唱歌的吧，我的歌唱天賦也應該是同行等流果所致。還在讀高中時，我就考上了一所藝術類中專——呼倫貝爾盟藝術學校，並專修美聲唱法。後來又以第一名的優秀成績考入內蒙古藝術學院，成為該院招收的首屆大學生。

學院位於自治區首府呼和浩特市，屬西部半乾旱氣候，晝夜溫差較大。我對此很不適應，常因水土不服而患病，有時考試都需要同學攙扶著進場。老師和同學戲稱我是「林黛玉」、「病娘」，但我仍頑強地堅持著，每次考試的成績還是非常優秀，並成為全校唯一的獎學金獲得者。

有位會製造鋼琴的老教授見我如此體弱多病，就對我說：「我那兒有香港老朋友寄來的佛經，你可以看一看。讀經書有很大的功德，或許對你的康復有好處。」對於治病，我幾乎已到了窮途末路的地步，想起小時候父親曾對我提過讀誦《金剛經》的利益，於是抱著一線希望，就向老教授借了一本《金剛般若波羅蜜經》認真地讀了起來。

我的古文基礎還算可以，再加上可能還有點善根，我基本上能看懂經中的內容，還因理解了經義而生起很大的歡喜心。此後我便把經書放在枕旁，整整三個多月的時間，一有空閒就打開翻閱。就這麼反覆地讀呀讀，身體竟奇跡般地隨之好轉，這讓我真切感受到了佛法不可思議的作用。

我畢業那時，社會上正提倡「雙向選擇」，畢業生可以比較自由地選擇工作單位。對著地圖，我選中了冰城哈爾濱。這座松花江畔的美麗城市，有著許多歐式建築，不僅工商業發達，冰燈藝術更是享譽中外。更何況對我來說，最主要的便利是從這兒只需乘六個小時的火車，就可以回家探望年邁的雙親，這讓我免去了許多牽掛。

憑著良好的素質，我終於被全國著名的三大正規歌劇院之一的哈爾濱歌劇院錄取，並被分配在女高音聲部當演員。還在黑龍江省舉辦的音樂大獎賽中獲獎。同時，也在劇院附屬的藝校擔任教學工作，並創辦了一所擁有八百平方米面積的高級音樂幼稚園。總之，我的事業在當時可算是風風火火，蒸蒸日上。

大學畢業不久，我便成了家。丈夫是位音樂教師，人品非常好，而且彈得一手好鋼琴，我倆可說是珠聯璧合的一對。加上我倆都有較強的創收能力和途徑，生活也就顯得非常富足了。由於工作關係，我們經常要出入哈市的大酒店、大賓館等高級場所。而後來，我卻心甘情願地踏入每個月只有八十元補貼的出家生活，這些錢在我往日的世俗生活中，不過是一頓早茶錢。我的選擇，也許只有同道的修行人才能理解。

一九九六年春，劇院上演歌劇《安重根》，當時有位范居士（現在已出家修行）和我一起在後臺候場。演出間隙，我對她說：「現在真是太忙了，身體特別疲憊，怎麼辦呢？」她說：「你一定沒堅持唸佛號、看佛書吧？還是要堅持下去，讓內心多一些寧靜，才能消除疲勞與不適。」她的話又讓我想起了以前唸《金剛經》的經歷，兩相對照，我頓時覺得非常慚愧——怎麼每次都是在窮途末路之時才想到佛法？佛菩薩卻在任何場合都從未放棄過我。

那年秋天，去喇榮學習佛法已有半年的范居士回到了哈市。我迫不及待地趕去見她，向她打聽了許多藏地的修學情況。結果越聽越上癮，真想逮個機會親自去一趟。

聞思佛法日久，我想去喇榮常住的念頭便不可遏制地增長起來。我慢慢習慣於用佛法的道理去思考周圍的人和事。大姐和大姐夫住著高級別墅，每人各養一部車；二姐夫是個包工頭，每年能賺上百萬。但他們的精神修養，卻不敢恭維。反觀自己，我也曾自詡為搞藝術的，但當我明白，所謂的高雅、低俗都只在一時；美妙的歌聲也不過是聲波的振動；人們沉迷其中，然後曲終人散。我的出離心已然生起，對於世間生活的享受和藝術事業的發展，對於已經得到或即將得到的，怎麼看都像浮萍，剎那間即會無常。我決定前往那片寂靜的深山。

但一想到嬌小可愛的女兒，我就心軟了，她離開我該怎麼過呢？正拿不定主意間，我在成都偶遇了來自佛學院的堪布，見到他，我一股腦兒地訴說了自己的矛盾。堪布聽罷和藹地說：「許多人想要出家修學正法，但總是放不下老人啊、孩子啊。但是你想想，不管放得下放不下，最後關頭你不還得統統放下嗎？」堪布的話讓我思考了很久。是啊，自己如此貪愛執著的身體，最終都不得不放下，更何況父母兒女呢？兒女亦如過客，有緣則相聚，緣盡還分手，再癡情難捨，也抵擋不了無常的催逼。

放下別人執著的，才會獲得別人所沒有的。釋迦牟尼佛捨棄王宮生活而出家，不也是因為看到了紛繁迷離的世俗表象背後那條永恆的光明大道嗎？我為何不能追隨佛陀的足跡，勇敢地踏上正道呢？

當我終於決定離開溫暖的家時，心裡百般雜陳。我依依不捨地邊走邊回頭和女兒揮手。「再見了孩子，如果媽媽今生欠你和爸爸的話，媽媽會用佛法做最好的補償，相信媽媽，一個真正的母親永遠不可能做對不起孩子和家庭的事。」

我離這個繁華的都市越來越遠了，但心裡卻很清楚，我將離上師、離地處青藏高原的喇榮聖地越來越近……

＊

圓休告別可愛的女兒、溫馨的家庭，一心到寂靜寺院過清淨的出家生活，這的確不容易，沒有真實無偽的出離心是做不到這一點的。一旦佛法走入一個人的內心，他對世間所謂最美好的事物也會如棄敝屣，因為他知道，佛法的甘露才是至上無比的美味。

此外，我還想用烏克蘭作家岡察爾的一句話來安慰圓休的女兒：「母親的愛是永遠不會枯竭的。」希望這個小女孩長大後，能理解支持母親的選擇。

＊

圓休在談話中還提到她的歌唱天賦問題，這讓我想起了一個外國歌手的前生後世的故事。有一個非常著名的女歌手叫皮里斯莉，在她過世後，大概又過了很多年，英國有一位婦人懷孕後，經常在夢中看見皮里斯莉，她在夢中唱著自己從前的成名曲。這位孕婦最終生下一個女嬰，醫生驚奇地發現，孩子右肩上竟天然紋著一幅皮里斯莉的畫像，異常逼真、細膩。這個小孩長到六個月時就能唱她前世唱過的歌，因而被人們稱為「小皮里斯莉」。世界各地皮里斯莉的歌迷們，都紛紛前往探望，一時沸沸揚揚。

以佛法來解釋這種現象其實很簡單，法稱論師就曾說過，前世的觸覺感受都會在今世顯現，更何況聲音。月稱論師在《中觀四百論釋》中，也以鴿子和牛奶的比喻表達過相同的意思。因此我們也可以據此推斷，圓休的前世應該是個歌手。當然我沒有什麼神通，不知道她的前世具體是誰，一切還是留待她自己去親證吧。

放下成見，才是科學

緣起性空徹底看破了時空的實有，
這種境界是相對論無法比擬的。
至於佛陀宣說的「以一剎那現無數劫」的境界，更是科學家們無法想像的。
如果真理是一個科學工作者畢生的追求，
他有什麼理由拒斥佛法？
放下成見，才是科學的態度。

今天是二〇〇一年七月十二號，一個平常的日子。但對圓悲來說，意義非常。八年前的今天，他第一次出現在我面前，如今他早已是一名為人所稱歎的比丘。人們猜測圓悲日後會有一番修證。雖然我對此不敢妄下斷語，但知道他平日的為人處世都很不錯，有一定的聞思水準，也非常喜歡實修。

這些年，每當我講經說法，他總愛坐在離我很近的位置，瞪著一雙高度近視的眼睛，似乎要把佛法的精華全都吸進他的腦子裡。看著他憨憨的認真神情，我有時會在課堂上跟他開個玩笑。他也從不發火，靜靜地跟著大家一起樂。

他說自己曾是一名科學的信徒，站在佛法的對立面批判「迷信」，最終卻發現，需要批判的是自己對未知領域的盲目否定。這也是一種迷信。

坐在井底，如何想像天空的遼遠？

＊

赤壁是湖北南端的一座小城，蘇軾流傳千古的《赤壁賦》諷詠的就是這裡。名聞遐邇的陸水風景區如同一塊晶瑩碧綠的翡翠鑲嵌在古城郭的西邊，壯觀的寶塔山威鎮在東面。而我的出生地——河北街就位於古城郭北門的對面。清清的陸水河從家門旁緩緩流過，背後有古色古香的龍頭山烘托，真是一個依山傍水的好地方。

地方雖好，自己卻生不逢時。我出生時正趕上那場浩劫，這更使我養成了懶於讀書的惡習。不過可能還有些數學天賦吧，初三那年，我居然考上了重點高中。隨後在老師的良言規勸下，浪子回頭發奮用功，一九八四年終於以優異的成績考入電子科技大學應用數學系。

當時，我是我們那一區僅有的大學生，讓全家人風光了一陣子。屢獲獎學金不說，一九八八年更以最高分考入本校高能電子學研究所攻讀研究生。一九九一年碩士畢業後，被分配到重慶郵電學院任教。

一直以來，我都是科學的信徒，到一九九〇年才開始接觸佛法。

近二十年的學校教育，使我相信科學才是拯救人類的唯一力量。記得中學學了牛頓的三大定律和萬有引力定律後，我對這位科學巨匠產生了極大的信心，那時他是我心中唯一的偶像。

正因為對科學如此信服，我的學佛在很大程度上是一個與科學相比照的過程，其間經歷了一個比較漫長也比較艱苦的轉變。一九九〇年之前，我對佛教一無所知。由於長期受無神論教育的影響，我也不知從哪來的一股怒火，對佛教嗤之以鼻。

一九八九年下半年，由於身體欠佳，我開始學習傳統文化中的養生術，因有些地方牽涉佛教，我以往的偏見才有所收斂。練功的感覺讓我覺得，佛教是一門「功夫」，還是有些「名堂」的。以此為契機，在這期間發生在周圍的一些事情，則讓我對科學產生了一些懷疑。

我有一個同學，曾經用耳朵「看」到塞進他耳朵裡的紙上寫的「電」字；有一個小女孩，是我大學老師的孩子，她曾用自己的能力，將病人體內的許多小竹籤取出來；還有個小孩的耳朵可以寫字——將一個紙團放入耳孔內，旁邊放一瓶墨水，這個小孩居然能用意念在紙上寫出旁觀者指定的任何字……

我並不是在這裡渲染所謂的「神通」與「特異功能」，只是引述這些活生生的例證，說明物質和意識的關係，可能並不像科學或科學的辯證法所揭示給我們的那樣簡單。這個世界的很多認知領域並非科學所能駕馭，更不用說宇宙、時空乃至人心的構造與祕密了。

這些都啟發我從科學之外，包括從佛教的角度，去重新審視這個我們自以為很熟悉的世界。舉一個簡單的例子，比如人人都在講「運氣」二字，你能用科學的手段或方法去測定它的性質嗎？也許科學家會用概率統計學做解釋，但那往往說服不了任何人。

後來我皈依佛門，看到「業力」二字，所有疑難才冰消瓦解。你的運氣好，絕非好運的概率高，而是善業的果報；你的運氣不好，也並非厄運的概率高，而是惡業現前而已。既然因果律是全世界公認的客觀規律之一，善惡的因果報應又有什麼理由被斥為迷信呢？

就這樣，**在思考中學佛，在學佛中思考**。一點一滴地，我逐漸靠近了智慧之門。不過在求學期間，雖然也看了一些佛教經論，但並未認真領會其中的深刻含義，只是將其作為工作的輔助以補科學思維之偏。至於菩提心、出離心等壓根兒就沒有生起來過。雖然在成都昭覺寺也皈依了，但自己清楚我的所作所為離一個真正的佛教徒還差得很遠。

思想上真正的轉變是在對前後世有了定解之後。那一陣子，幾乎每天我都被前後世的問題困擾，不搞懂這個問題，學佛只會是空談。通過多方研討、思考，我終於認同了佛陀所宣說的輪迴之理。回顧這一過程，我覺得這個結果並不是最重要的，最重要的啟示是：必須放下成見，如理如法地認真思考，而不要輕易誹謗，才是科學的態度。

記得我曾經問過一個未學佛的大學同學：「佛教認為無我，你以為如何？」她思索了半天，然後認真地回答：「確實如此，人只不過是連續不斷的新陳代謝而已，並非有一個恆常不變的我。」當時我就在想，如果放棄固有的偏見，不受愚昧或錯誤的教育定式所左右，拿出膽量思索，佛教的許多教義一定會被人們接受，包括前後世的問題。

僅舉一例供讀者思索：現在的分別念是依外境而產生的，還是依前一剎那的分別念而產生的？若依外境忽然發生，今天如何回憶很多年前的事？若是依前一剎那而發生，一直往前推，當然就會有前世。正如《量理寶藏論》云：「心不觀待他因故，依因前際無始成。因聚齊全無障礙，依因後際無終成。」

通過深入思維，反覆觀察，此時對我而言，佛教與其說是宗教，倒不如說是最徹底、究竟的哲學。它明白無遺地解釋了宇宙真相，故而是關於世界觀的學問；它如實揭示了無我的本來面目，故而是關於人生觀的學問；在以上認識的基礎上，它又教導人們走自利利他、自覺覺他的修行之路，故而又是關於方法論的學問。

一九九一年，我被分配到重慶郵電學院無線電系，在儀錶室研製通信儀錶。這裡群山環繞，風景優美，建築古色古香，真似山莊別墅一般。當時，我所在的科室在相關項目的研究上處於國內領先地位，研製出來的儀錶能直接投入生產，經濟效益非常好。在這麼舒適、愜意的環境中，我的求道之心反而日漸增盛。

那時我正研讀《中觀四百論》。最深的感慨便是：佛陀太偉大了。緣起性空徹底看破了時空的實有，了達了它的假定性、觀待性，這種境界是相對論無法比擬的。儘管相對論明確了時間和其他事物之間的觀待，卻沒有通達時間的空性特質。至於佛陀宣說的「以一剎那現無數劫」的境界，更是科學家們無法想像的。

明白了一定的道理，苦惱也隨之而來。由於沒有善知識的引導，我無法實修。有一段日子，在實修願望的驅使下，我竟一個人跑到對面山坡，找一塊平地，墊一塊紙板，然後就盤腿坐在那裡。那根本不叫打坐，但我也沒有其他的辦法。我太想實修了，怕自己在理論中轉圈圈，日子久了，徒增分別妄念。

記得《普賢上師言教》中也說：「一切佛經、續部、論典中從未宣說過不依止上師而成佛的歷史。我們現量見到的也無有一人以自我造就及魄力而生起十地、五道功德。」正因如此，一九九二年七月，我下定決心專程前往青海，在西寧、循化、湟中等地歷盡千辛萬苦尋訪許多寺院，卻始終沒有緣分找到善知識，當時心中的失落不堪言表。

善知識沒找到，麻煩倒找上門來。一九九三年三月，二哥為了阻止我繼續深入佛道（因他已敏感地覺察出來，我照這種趨勢發展下去，將來非剃個和尚頭不可），讓姐姐將我調至廣東順德。他們的苦心我明白，無非想讓我在這個飛速發展的新興城市裡，目睹物質的極度繁榮，好打消學佛出家的念頭。

常人眼中，物質的誘惑也許是最難抵擋的。但我看到的，更多的是做工的人卑微辛勞的生活，是商業大老們狂妄猥褻的神態。我再次憶起佛陀「**善業和智慧是安樂唯一來源**」的教言，求道的渴望更加強烈。

偏偏就在此時，在辦公室當文祕的姑娘向我表達了愛意。她很善良，也很乖巧，惹人憐愛。但我知道，絕不能就此止步，甜蜜的愛情恐怕是修道路上最大的障礙，它的力量實在太大，定會牽著我流轉在六道輪迴。

於是，當一切都準備就緒後，我向她坦白了自己的決定，但同時就在心裡打定了主意：為了摒棄俗緣、專心向道，就讓我從你的視線中默默消失吧。

這一關還好過，家庭的障礙就太大了。一九九三年六月底，我在沒跟家人打招呼的情況下不辭而別。原因很簡單，我不想再給自己和家人添麻煩。

最不忍心的就是拋下姐姐。她曾說過今生今世都要善待我這個唯一的弟弟。在她移民國外前夕，大哥給我寄來一封信，說如果我願跟姐姐一起出國，她願承擔一切費用。如果不想出國，也務必回家，就近重新找個工作。狠下心，我給大哥去了封電報：既不出國，也不回家。我覺得只有這樣才能讓他們多多少少明白我的心志。

一九九三年七月十二日，衝破了重重阻撓後，我終於來到了法王如意寶駐錫弘法的根本道場——喇榮五明佛學院。這是我人生路途中最重要的轉捩點，從此以後，我就可以在解脫的大道上快速向前了。

從接觸佛法到今天，已有十二個年頭。十二年前，我還是個在黑暗中摸不到邊際、徘徊徬徨的行路人；而今，雖說經歷了不少的風雨坎坷，但心中的啟明星，卻已高掛在清淨的虛空，為我照亮回家的路……

＊

如果不出家，圓悲恐怕早已獲得了博士學位。出家學佛，又精進修持了八年，按照泰國的佛教教育體系，也該榮獲佛教的博士頭銜了。不過據圓悲說，他最想過的還是一個普通修行人的清淨生活。

佛學院成立二十多年來，培養的人才不可勝數，其中不乏以高學歷身份出家的僧眾。他們在這裡聞思經論、閉關實修，我相信對每個認真求法的行者來說，他們的收穫都是不言而喻的。

當年玄奘法師、義淨法師西行印度求法時曾長住過的那爛陀寺，我想與佛學院在弘傳正法、教化人心方面所起的作用應該是無二無別的吧。期望著像圓悲那樣有知識、有文化、有修養的知識份子出家人，通過一代接一代持續不斷的努力，引領一代又一代的眾生走向究竟成佛之道。

參

宇宙再大，大不過人心

明明白白一顆心，做人方可踏實、安穩。
問問蒼茫大地，有多少人能清醒地認識自心呢？
既如此，我們匆匆忙忙地來世間走一遭，又是為了什麼？

不要輕易地相信，不要輕易地否定

現代粒子物理學中最微細的萬有引力場，
對這位瑜伽士來說根本就不存在！
如果這是真實的，物理學大廈將徹底坍塌。
我不會輕易地相信，同樣不會輕易地否定。

提起圓永，佛學院的漢僧都比較熟悉，他性格穩重，人品好，辦事能力也很強。在近十年的長住期間，他也曾熱心幫助過許多入藏求法的漢人。

記得一九九四年在瀋陽，他母親曾流著淚對我說，希望兒子能在上師的培養下成為一名合格的僧人。如今，他已成為一名真正實修的出家人。不僅如此，他的許多學生也經由他的引導，來到佛學院聞思修行。

聽他的學生說：「在大學裡，我們對佛陀的教法能夠有所認識，完全是圓永師的教誨所致。」他的這些學生，一些已皈依佛門，有的對佛法生起了穩固的見解，更有一些受他點化而出家的學生，因品學兼優已被評為堪布。

在與他長時間的交往中，我早已瞭解他的人格與智慧。一名高等學府的物理教師如何會轉變成一名志求解脫的出家人？答案正如他所說，追求真理的科學家，活著就是為了知道這個世界到底是怎麼一回事。

＊

我是一九六〇年生人，家住美麗的渤海之濱，父母都是當地的小學教師。記得青少年時代，我對科學有濃厚的興趣，那緣於十六歲時的一次經歷。當時家中新添置了一台收音機，對它為什麼會發出聲音，我一直迷惑不解：這個木頭匣子裡怎麼藏得下一個人？苦思冥想了好長時間還是想不出個道理，只好問哥哥：「想知道收音機的原理，該看什麼書？」哥哥告訴我：「應從物理學起。」

那時正趕上「文革」後期，班裡的同學整天胡亂忙著，我恰恰利用這段空閒，沉入了對物理學的研究。沒有老師授課，也沒有學生聽課，混亂的年代卻成了我「陽光燦爛的日子」。

有一天，我突然想到電場與磁場是可以相互轉化的，於是欣喜若狂，自以為發現了一個全新的「關氏定律」（我俗姓關）。後來在高中物理課本中看到，這是法拉第早已發現的電磁感應定律。但當時的我依然對自己信心十足，認為將來一定能成為一名傑出的物理學家。

上了大連工學院後，儘管讀的是化學工程系，但我對物理的興趣絲毫也未減弱。那時我最喜歡讀《愛因斯坦文集》，他說：「概念是思維的自由創造。」正是這種對自由思想的推崇，使他推倒了傳統的物理學大廈。他在物理概念上的重大突破，就是證明了時間和空間不是絕對的不變，而是相對的存在。

愛因斯坦對我最大的啟示是，作為一個物理學家，追求真理，揭示一切事物的本質，是他生活的最終目的，他活著就是為了知道這個世界到底是怎麼一回事。在學習物理學的過程中，我也把追求真理當作自己一生的奮鬥目標，為此可以不惜生命。如今的我雖然不再研究物理學，但這種追求真理的精神從未改變過。

大學時代的我並不信佛。一九八二年畢業後，我被分配到撫順石油學院任教，由於不會照顧自己，工作沒幾年就得了一場重病。在養病的無聊日子裡，一天，我偶爾看到一篇有關在巴黎舉辦古印度瑜伽術表演的報導，並配有一張瑜伽士飛行空中的照片。這太稀奇了！這可能嗎？

這張照片深深震撼了我的內心世界。現代粒子物理學中最微細的萬有引力場，對這位瑜伽士來說根本就不存在。如果這是真實的，物理學大廈將徹底坍塌。因為萬有引力不存在，物體的重量也就不存在，重量不存在，品質也就不存在。缺少了品質這樣一個基本的物理量，整個物理學就無法建立。如此，愛因斯坦的廣義相對論也就成為多餘的了。

這幅「升空飛行」的照片，讓我與佛教結下了不解之緣，儘管許多同事看後都輕率地搖頭說，這是騙人的。我不會輕易地相信，同樣不會輕易地否定。我想用自己的眼光，審慎地去看。只要為了求真，什麼樣的理論、實驗我都不想放棄。

就這樣，我開始接觸起佛教和道教的典籍。一日觀看《米拉日巴傳》，其中說道：尊者米拉日巴在山洞中苦行，一日生起暖樂，風入中脈，頓證無生空性，智慧現起，身體升空飛行，當時他的叔叔正在耕田。而佛教經典中，這樣的記載還很多。

我對佛教的興趣日漸濃厚起來，而越研究道教教義，就越覺得它不符合我的根性。就算一個高明的道士可以在山洞中活一萬年，風餐露宿，但一萬年零一天之後，他還是抵擋不住生死的輪迴。他可以儘量拖延果的成熟，卻無法改變甚至超越因果，因為他認識不到因果的究竟空性。瓜熟蒂落的那一天，定要受報。

讀了《入中論》一書後，再反覆對比物理學，我對佛法的信心就更大了。物理學只是揭示了相對真理，卻並沒有對大千世界的來龍去脈做出究竟的解釋。舉一個簡單的例子，這裡有A、B、C三個普通人，科學可以馬上界定出他們之間最簡單的一種邏輯關係：A＋B＋C＝3（人）。但佛法不這樣思考，它首先要看A、B、C這三人是否真實存在，如果他們在勝義諦中缺乏真實存在的理由，只是世俗中的一種虛幻顯現，就無須空上安空，頭上加頭，去研究三者間的邏輯關係了。

你一定會說，他們怎麼可能不存在呢？眼見其色，耳聞其聲，身觸其體，再經過大腦思考分析，不就可以知道他們的大概狀況嗎？對此我不想多做闡述，只希望人們能親自去看一看佛教經論，所有的困惑便可一目了然。但我常常悲哀地感到，許多人還在重複著我在未接觸佛法之前的那種輕率、無知與盲從。

我想再舉一個例子，以輔證剛才的論述：人們熟知的日常交流所使用的話語，其聲波在空氣中傳遞，而聲波所表達的意義卻是由人們附加上去的。單從聲學角度來看，傳到耳中的話，不過是空氣分子的振動，在振動的空氣中哪有什麼語言的含義？隨著這無含義的聲波，**我們時而歡喜，時而憤怒，豈不是自尋煩惱？**

有些科學工作者可能會反駁說，我們研究的是客觀事物的本質規律，你所說的主觀臆造、人為設定，並不是我們的研究物件。這又是一個自欺欺人的笑話。客觀事物如果不待主觀的眼、耳、鼻、舌、身、意六識，它的客觀性又從何體現？既然一切都是觀待而立，又哪來所謂獨立自存的客觀本性？

再回頭看看上文提到的那位瑜伽士，在他通過實地修行，消除了人類在客觀事物上的習慣性錯覺、主觀臆造以及妄加分別，又體證到萬法唯空，無一物有所謂永恆不變、獨立存在的自性之後，萬有引力當然會消失，他當然能飛行空中、自由自在。

對一個以求真為己任的科學家來說，該是正視事實、正視自己的時候了。佛陀才是世界真實面目的徹見者，凡夫卻依然沉浸在種種的主觀臆造之中，而我只不過是一個正從迷亂走向清醒的實踐者。這種實踐只要你用心努力就能做到，它並不難，也不神祕。對我來說，求真之路永無停息。一九九一年冬，我在五臺山圓照寺出家，一九九三年又來到喇榮五明佛學院。從此，在一個新的起點上，我踏上了不悔的征途。

＊

本來圓永以物理學研究者的目光，科學闡釋和論證了佛法的許多原理，提出了自己獨特的觀點，令人耳目一新。但限於篇幅，這裡只引用了其中的一部分。很希望因緣成熟時，他能夠廣論自己的學佛心得和他的佛教科學觀。這樣做的結果，相信一定會對眾生有利。

你問「我」，「我」問誰

人體的組織蛋白，每過四個月就更換一半，恆久不變的身體在哪裡？

茫茫的無情宇宙間，這個思考者又是誰？

記得有年冬天，圓稽抛開在大學任教的一切糾纏，風塵僕僕來到佛學院。結果沒多久，他的妻子就淚流滿面地追來。也難為她，隻身奔赴這海拔近四千米的藏地高原，只為把丈夫拉回世俗之海。

我曾目睹他們的爭執，圓稽不顧妻子的一再哭泣與挽留，最後他的妻子只能帶著哀怨離去，而圓稽也最終在佛學院滿了他的出家願。

人看你要什麼、選擇什麼。

當年弘一大師出家，他的太太也曾經找過他，但弘一大師連見面都儘量回避，他的太太也只得抱憾而歸。所以，我們當然要爭取別人對自己出家的支持、理解，但當溝通尚顯不可能的時候，我們只能，而且必須走自己選擇好的路。一旦抓不住此時、今世，等待我們的就只有輪迴。

＊

我的法名叫圓穡，出家前原是煙臺大學化學生物理工學院的講師，從事教學和科研工作。我所在的科研課題組曾多次榮獲國家、省、市、校等各級各類的獎勵，本人亦曾在《生命的化學》、《中國糧油學報》、《煙臺大學學報》等刊物上發表過多篇科研論文。正當即將被學校晉升為副教授時，我再三權衡，選擇了出家學佛的道路。

回顧這段歷程，幾多坎坷、幾多風雨。想靜下心來整理思緒時，才發現恍惚間我已走過了近四十年的人生路。記得很小的時候，我就對身體、生命以及人的來龍去脈有著異乎尋常的興趣。那時的我總是對自己瞬息萬變的內心、奇妙詭譎的夢境、不斷發育的身軀驚歎不已，同時又大惑不解。

為什麼眼睛只能看到跟前，心卻可以縱橫上下幾萬里？前年我比門前的小樹高，今年我已超過它半頭。它長大了要被人們採伐做成木材，我長大了會不會也像它一樣，被人攔腰砍斷？

為什麼它只能被我們利用，卻不能反過來利用我們？將來的我又能不能自己做主呢？是誰在控制我們的一切行為與思想？是大腦還是心？這個心是心臟嗎？如果是心臟，為什麼肝臟卻不能？它們不都是生理器官嗎？為什麼好多事情我都控制不了，包括控制自己的身體？**思想既然可以超越時空，為何對付一個小小的軀體，卻往往力不從心？**我到底是誰？我從哪裡漂來，又最終漂向哪裡？是像爺爺奶奶那樣，死後歸於一抔黃土嗎？

與生俱來的敏感與好奇，讓我比同齡孩子多了幾許成熟與思考，也讓我喪失了很多童年應有的無憂無慮與天真爛漫。那時的我並不知道思考的魅力，只是覺得這些很明顯的問題擺在那裡，怎能視而不見？

我最終選擇了北京師範大學的生物系，那年我十七歲，帶著不解的疑團和對未來美好的設想，從偏僻的山東農村來到了令人眼花繚亂的首都北京。

第一次在高倍顯微鏡下看到細胞的結構時，我詫異極了：難道人體就是由千千萬萬個微小生命組成的嗎？詳細觀察，一個細胞就像一個小社會，有指揮部、加工廠、通信組織、運輸部門，它們相互間的聯繫與分工精密到讓人目瞪口呆。

但讓我不解的是：細胞就像電腦，都是物質的結構與運作，它們畢竟沒有靈性。電腦是人設計製造的，比人腦還精確的計算及處理資料、資訊的能力，都要靠人腦來賦予。人體細胞那種微細而精密的結構，又是靠誰來設計、安裝和指揮運行的呢？那個能設計製造的具有靈性的「我」到底在哪裡？

從小對生命本質的思考與苦惱，並未因邁進神聖的大學殿堂而得到緩解。我開始帶著更大的困惑，長時間地思考這個問題。有一段時間，我非常興奮地接受了生物進化論的觀點，自以為對生命的思索從此可以畫上休止符了。

進化論告訴我：在宇宙形成之初，原始的、沒有生命的分子海洋中，由小分子相互間的作用，逐漸形成胺基酸、核苷酸等分子，這些分子進一步衍生，形成一些較大的分子，如蛋白質、核酸、糖等，再由較大的分子形成原始細胞。有了細胞，便意味著最初的生命就此誕生。生物體長時間的生活經驗資訊貯存在染色體上進行遺傳，最後由類人猿就進化到人。

這種自然演變的進化學說可謂已達到了相當精確的地步，以至於有很長一段時間，我都以為那個有關靈性之「我」的問題已經解決了，我就是自然演化的結果。但時隔不久就發現，我被自己的思考欺騙了，自然進化產生生命，就如同電腦可以不經人類設計與調適，自行產生並運行，這合理嗎？

隨著大學生活的結束，我帶著即將走上工作崗位的欣喜，也帶著那份長久以來的迷茫，進入了社會這個更廣闊的課堂。如果說在學校主要是靠大腦，並借助顯微鏡來推理、驗證關於生命的種種假說，工作和生活則從另一個側面愈加混淆了我的身份與職責。原先我不明白自己的生理與心理屬性，現在我連自己的社會屬性也搞不清了。

我被分配到青島醫學院，**工作與生活中的煩惱逼迫著我反覆思考人生。而茫茫的無情宇宙間，這個思考者又是誰**？在父母面前，我是兒子；在領導面前，我是下屬；在學生面前，我是老師；在師長面前，我是學生；在妻子面前，我是丈夫。仔細想想，一個人竟然可以同時擁有如此眾多的身份，難怪人被稱為最複雜的社會動物。但是人最基本的屬性又是什麼？

再比如一個人的名字，可以叫張三，改名後叫李四，別人也就隨著叫起了李四。在背後，或許還會給他起上各種別名和外號。顯然，名字與一個人的本性並沒有必然的關聯。

以此類推，如果名字不是你，骨頭、血液、器官等就是你了嗎？

在一個以追求真理為己任的人看來，假如連真理的邊都摸不著，這樣的生活就算以錦衣美食來包裹，卻與一隻躲在貴婦人懷中的哈巴狗又有何異？在艱難的求索中，終於有一天，也許是因緣所致，也許是久已疲憊的心，想在紅牆碧瓦間歇一歇，總之在一種難以說清的情緒中，我抬腳邁進了青島湛山寺。

一個老和尚見到我，和藹地送我幾本佛學小冊子。他當時說的話，我至今記憶猶新：「小夥子，只要能用一生的時間，窺探到佛法揭示我們本性的一點點光亮，就足以讓你對佛陀的悲與智感激涕零。好好努力吧，莫辜負他老人家。你自己體會、體會，看釋迦牟尼佛是不是在騙你。」

老師父在說這句話的時候，我發現他那飽經滄桑的臉上居然有熱淚滾落下來。我很感動，感動於一個老人對素不相識之人那種掏心掏肺的赤誠。當時我就在想，恐怕只有佛門中人才會如此以向眾人傳授真理為天然職責。不管這種真理是他們自以為是的真理，還是真正的真理，我都必須認真拜讀一下這幾本小冊子，因為不想違背一個老人的善良心願。

在那本書中，我第一次看到了「人是從光音天而來」的說法，這讓我既震驚又好奇。

書中說，光音天的天人看到地球藍色的海洋、綠色的大地，便飛到這裡玩耍嬉戲。結果終因貪戀這個星球的甘泉與地肥，失去了飛行的神通，只能居留在地球上，由光組成的身體也成了有質礙的肉身。這種理論給了我一個最直接的啟發：「光音天人到地球上來是一種生命的輪迴。」同時它又引起了我更深的思考：「光音天人又是從什麼地方來的？」

佛學打開了我認知世界的另一扇視窗，從此我開始留心起輪迴理論，並漸漸認同了佛法對生命的解釋。

一個明顯的事實是，兒時同村、同時上學的夥伴，在同樣的學校、同樣的老師培養下，學習成績卻相差懸殊，每人的性格、愛好、特長，乃至進入社會後的經歷都是迥異的，這絕不能簡單地以隨機理論來解釋。很多時候，人們的境遇相同，命運卻截然相反。

所以我相信，**人應該有前世，每個人前世的行為、習慣、積累、好惡都不盡相同，這就是所謂的「天賦」**。我認為這是我瞭解到的最合理的一種解釋。而那個一直縈繞腦際的有關「靈性」的問題，也在佛法的觀照下渙然冰釋。我相信存在一個自性的覺悟，它無始無終、無來無去。正像我們人體，因為心臟不斷跳動，呼吸瞬間也不能停止，乃至睡眠時也不能讓心臟、呼吸等器官處於「休眠狀態」，這才能維持生命的延續。

同樣，有一個無生無滅的覺性，我們才有了眼觀、鼻嗅、耳聽、舌嘗、身觸、意念的種種能力。否則，缺乏這個背後的主宰，所有器官就都只是無生命的零件。而人們最大的愚癡與悲哀就在於：「只認識衝在前頭的各種零件，恰恰忽略了背後的這個『將軍』。」

況且覺性也絕非來自父母的遺傳，父母自己都迷迷糊糊的，又如何能把這靈動活潑的、能起現大機大用的覺性傳給子女呢？所以自性本覺是無有生滅的，當它們因緣和合、與某個具體顯現的張三、李四結合後，便因張三李四的俱生無明而被遮蔽了起來。張三李四無從得知自己的本有狀態，這個覺性卻依然在起作用。

明白了這個道理，我高興得差點在大街上翻起筋斗來。因為從某種意義上講，人可以永遠不死，只要他真正體認到了這不生不滅的覺性。

一九九三年春天，單位派我到中國科學院上海生化所進行單克隆抗體的研究。這期間，我的大學恩師，著名生化學家吳國利教授死於癌症的消息讓我沉默了好長時間。我在悲痛之餘不禁感慨：吳先生畢生致力於研究抗癌瘤的生化機理，但在抗癌機制還沒搞清楚的情況下，自己卻死於癌症。這僅僅是他個人的不幸嗎？不，這是許多知識份子乃至一般民眾的共同不幸。人們在忙忙碌碌中，無暇顧及生命的本質問題，不知不覺就將生命消磨殆盡；而一生所從事的事業，卻最終如夢幻泡影般消失得無有蹤影。生命的價值究竟在什麼地方體現？

我越來越覺得，**人生在世需要一種究竟、崇高的信仰，否則無明煩惱如何消除？**不能掌握命運的無力感又如何排遣？隨著學佛的深入，我日益感到現實世界的虛幻以及追求永恆覺性的必要。

拿我們的身體來說，從出生到衰老，它經歷了一系列的變化，不僅外在面貌、形態一直在變，內在的生理、生化活動也從未停止。一般來說，組成人體細胞的組織蛋白，半衰期為一百二十天。也就是說，人體的組織蛋白每過四個月就要更換一半。恆久不變的身體在哪裡？人們卻為了這變幻無實的身體，造下如山的罪業。

況且，因果律是宇宙萬法的根本規律，有現在的人類社會，在久遠的過去就必然存在一個人類社會作為因。沒有前因何來後果？過去無始，未來無終，現在不住，這遷流不息的表象背後，是人類乃至宇宙同一本體無有始終的存在。

但由於無明暗覆，我們卻對過去世難以回憶，也難以認清當下、未來的生存實際。但我相信，在生生世世無有窮盡的時間裡，如果致力於探索真理，我一定可以成為洞徹宇宙實相的智者，這才是最有意義的事情。

真理在哪裡？我認為真理就在佛法中。曾經有一位科學家找一位禪師辯論，禪師不與他辯，科學家對此很不理解。禪師就問：「科學是否已發展到盡頭？」科學家回答：「沒有。」禪師就說：「待科學發展到究竟處，你再來與我辯論。」聽到這個公案後，我認真閱讀了很多遍《楞嚴經》，最終確認禪師的話沒錯。如果你不信，也可以打開《楞嚴經》去親自驗證一回。

在上海的日子裡，我皈依了前來傳法的清定上師，從此正式進入了佛門。同時我又發了一個大願：願能儘快出家求道。因為從那時起，我就漸漸對世間喪失了曾經的熱情與幻想。

但是這個願望的實現卻整整花去我近七年的時間。二〇〇〇年秋天，我才來到四川喇榮五明佛學院正式出家為僧，這其中的原委一言難盡。

明明白白一顆心，做人方可踏實、安穩。問問蒼茫大地，有多少人能清醒地認識自心呢？既如此，我們匆匆忙忙地來世間走一遭，又是為了什麼？

＊

聽了圓稽的敘述，我已了知他的全部見解與內心世界。特別想對當代、後代的人們說幾句心裡話：去研究、瞭解、掌握、超越生命吧。特別是關於前後世的存在、生命的本質，佛學已然給出了最究竟、科學的答案，窮此一生，我都將用佛法的觀點與修證去體悟。唯恐自己達不到最圓滿的覺悟，就只能與惡業、愚癡相伴。而沉迷於肉體生命與物欲生命中的人們，又將在黑夜中昏睡多少時日。

沒有人降生，沒有人死去

雜誌上登了一篇有關於「印度小姑娘回憶前世」的文章，
令我陷入了深深的沉思。
六道輪迴真的存在嗎？如果生命是永恆的，
我何必還要懼怕死亡？

圓作不想我在文中提他的真名，大概是怕出名。初識他大約是在一九九七年，地點是風景如畫的杭州西湖。當時，他把我在課餘時間寫的隨筆列印出來呈送給我。我並不知道他是高校教師，只是在人頭攢動中，一張陌生的面孔費勁地擠進來，再遞給我一大份列印稿，我被那張臉上洋溢的真誠打動了。沒過多久，他就來佛學院出家。四年的交往使我有充分的時間去了解這個非常聰明的修行人。

他的確很聰明，無論是在對世間法還是佛法的掌握與理解上。出家前，他曾就讀於武漢工業大學資源工程系，後於浙江大學化工系電腦模擬專業取得碩士學位。在蘇州大學電腦工程系工作兩年後，來到了聖地喇榮五明佛學院出家。

利用他的專長，這些年他一直在列印室發心。有關上師法王如意寶的傳記、繫解脫法本，還有許多法像，都是他負責排版印製的。做這些工作時，他常常會迸發出許多充滿智慧的點子，表現出獨特的思維方式。

這麼一個聰明而又有前途的人，不但捨棄了一切世間工作，以出家身份研讀佛經、實證佛法甚深法門，還堅定地於二〇〇一年年初受了比丘大戒。想知道這背後是怎樣的因緣，就要從一句「人死如燈滅」談起。

*

我的家鄉在風景秀麗的皖南山區，那裡有許多歷史古跡與風景名勝。坐落在黃山與九華山之間太平湖畔的一個小山莊，就是我的出生地。一九七一年夏天的一個拂曉，我來到了這個世上。據大人們說，小時候的我不愛哭泣，經常沉默不語。

在體弱多病中度過了童年，六歲時我就被父母送進了學堂。貧窮的農村，讀書是孩子們跳出農門的唯一希望。在父母的嚴厲管教和諄諄教誨下，我從小就養成了愛讀書、愛思考的習慣。

儘管這裡是佛教聖地九華山腳下，但父輩們都成長在新社會，並不信佛。只是偶爾能從奶奶等祖輩口中，聽到諸如「菩薩保佑」、「消災免難」、「兒孫平安」等祈福的話語。她們生病了，就托人去九華山上的佛殿裡弄點香灰，沖水喝下，並說這是仙方，能治百病。這時，我們這些孩子就會笑話她們：「都新社會了，你們還那麼迷信哪？書上說病是病菌感染引起的，一定要打針吃藥。」但奇怪的是，有時候她們的病確實就這樣不治而癒。

小時候，由於我既釣不到魚、也打不到鳥，常被夥伴們冷落，所以就自己看書，自尋其樂。《西遊記》、《封神演義》、《上古神話演義》等都是那時候讀的。我對小說裡的神奇故事非常入迷，看著看著就進入了角色，彷佛自己也成了騰雲駕霧的神仙。大人們常常斥為「神話與幻想」的荒誕故事，我卻不以為然。

一天，鄰居家的奶奶去世了，很多人都去哀悼。當時我不明白死究竟是什麼，大人們告訴我：「人有生就有死，年紀大了，身體裡的精華消耗完就死了，就像油燈裡的油已經燒完，燈自然就滅了。『人死如燈滅』呀。」

他們的說法根本解答不了我的困惑，而兩位表哥的死，更使我陷入對死亡的恐懼中。大約八歲那年，大舅一家因採食了有毒的野蘑菇，全家生病，大表哥更因搶救無效，過早地離開了我們。同時我二舅的獨子，只有十五歲，卻不幸得了骨髓癌，幾個月後，也命喪黃泉。這些發生在身邊的死亡事件使我的內心受到很大的震撼。看來人不一定要到老年才會死，油燈也並非要到油盡了才會滅呀！

帶著兒時的這些困惑，我進入了中學。中學的學習非常緊張，同學之間的競爭也很激烈。儘管如此，我對人生真諦和宇宙奧祕的興趣卻有增無減。記得那時，雜誌上登了一篇關於「印度小姑娘回憶前世」的文章，令我陷入**深深的沉思。六道輪迴真的存在嗎？如果生命是永恆的，我何必還要懼怕死亡？**

同時我也認真思考過愛因斯坦的質能公式 $E=mc^2$，如果真像相對論所說的那樣，以光速運行，就能永保年輕，那我們不就可以不死了嗎？孰是孰非？這種未竟的探索一直延續到我的大學時代。

先是拚命從西方哲學中汲取養料，不論是黑格爾的「辯證法」、佛洛伊德的「精神分析學說」，還是尼采的「太陽之子論調」，從中我明白了「心並不完全從屬於物質」，但關於生死問題的陰影，卻仍未抹去。又把目光轉回自然科學。物理課上，老師講到一個正電子與一個負電子接觸後，將產生兩個 γ 光子。電子是有靜置品質的，光子卻沒有靜置品質。這讓我陷入深深的思索：宇宙最小的顆粒到底是什麼？

百思不解中，現代日本物理學家湯川秀樹的一句話深深吸引了我：「現代微觀物理學研究的盡頭竟然是來到了老莊的墓前。」也就是說一切從「無」產生，即中國道家所說的「道可道，非常『道』」，「『無』，名天地之始；『有』，名萬物之母」。受此啟發，我又把注意力投向五千年的中國傳統文化。我發現西方文明是從外求道，中國傳統文化則是從內探玄。儒家強調「誠心正意」，「在明明德」，主要講做人的道理。道家強調「致虛極，守靜篤」，「心如太虛，返本還源」，主張一切清淨無為，即可入道，這些觀點都使我受益良多。但生死究竟、宇宙實相問題還是沒能得到根本解決。

二十世紀九〇年代「氣功熱」開始流行，我也天天學習「站樁」、「靜坐」，沒過幾天就有了「氣感」，而且很快體驗了「意念力」。但越練越發覺，這樣下去終究沒有太大實義。當時練氣功的口號和宗旨無非是「強身健體，祛病延年」、「開發智力，造福人類」等，然而不論是身體還是智力，再好又有什麼用？人生的價值到底是什麼？就算長生不死，世界對你來說又有什麼意義？

一天午飯後，到隔壁宿舍串門，見桌上有一套《三言》，隨手一翻，看到了一個關於《金剛經》的故事，是講讀誦《金剛經》功德的，故事情節很生動感人。當天下午，我就到了學校旁邊的寶通禪寺請了一本《金剛經》。一口氣讀完，似乎有種異樣的感覺，彷佛心如止水。這是我平生第一次接觸佛經。

心中的迷茫開始煙消雲散，思想境界也陡然打開。我知道了，**世界是無邊的，時間也是無盡的**，眾生因無明而虛妄執著於「我、人、眾生、壽者」，故而流轉輪迴，受苦無盡。

佛教原來是闡述宇宙人生真理的寶庫。特別是對其中的「應無所住而生其心」、「若心有住，則為非住」、「一切有為法，如夢幻泡影，如露亦如電，應作如是觀」等法句，我感觸頗深，知道強行把念頭空掉，根本不是道，而應該心如明鏡，「胡來胡現，漢來漢現」，如此則全妄即真，則一切皆無非般若妙用。

此後，我又讀了《六祖壇經》、《心經》、《圓覺經》、《維摩詰所說經》等，對佛法漸漸有所瞭解，尤其佛陀宣講的「緣起性空」，我覺得非常科學。自然界的一切事物都逃不出緣起規律：因緣聚合，萬物產生；因緣分離，萬物消失。僅有種子尚不能萌芽，還需有水、土壤、一定的溫度等助緣方可。

記得看了《楞嚴經》後，心中大快。佛陀對波斯匿王說：「一切外境都是無常，而人的認知能力——『覺性』則是永恆。」也就是說，人死並非如燈滅。佛陀通過七處徵心、八還辯見，終於讓阿難尊者認識了覺性。佛陀還指出了世界的由來：「空生大覺中，如海一漚發，有漏微塵國，皆依空所生。漚滅空本無，況復諸三有……」至此，兒時的疑問全部得到了解答。

讀研究生之後，我一邊學習本專業，一邊繼續研究佛法，並越發覺得科學裡面包含很多佛法的道理。拿我的專業來說，所謂電腦模擬就是用電腦類比現實事物的發展變化。任何事物的發展變化都有一定的規律，我們可以對它進行數學抽象，也就是建立數學模型，事物的狀態完全用資料表示。然後依靠電腦的強大計算能力，輸入一定的參數，就可以計算出事物的發展狀態，依此發現很多沒有預料到的問題。

隨著科技的發展，「虛擬實境」（Virtual Reality）技術已發展得相當先進，它的原理與上述「電腦模擬」一樣，但是更為全面，即用電腦來模擬現實的外境。身體雖在一處，心卻能如臨其境地到他處旅遊，甚至能感受參加足球比賽的滋味等。不過實際上，這一切全都是虛幻的，只不過是一些資料遊戲而已。

其實，我們生活的這個現實世界又何嘗不是虛幻的。大腦好比「資料處理中心」——電腦，眼睛、耳朵、鼻子等感官系統將外境的資訊變成資料，傳送給大腦，大腦經過模式識別，就認知了外境，然後指揮人體相應的部位，對外境做出相應的反應。

然而，感官有它的侷限性。比如一個距離我們一百億光年的天體，等我們看到它時，說不定它早已不存在了，因為我們看到的是它一百億年前的情況。從眼睛看到物體，再到形成認知，總有一定的時差。也就是說，我們看到的永遠是「事物的過去」。

而感官在告訴我們外境的資訊時，也並非永遠正確，特別是當感官出問題時。比如眼睛有問題，就會看到虛空中的空花。因而愛因斯坦感嘆地說：「時間和空間都是我們的錯覺……我們都是戴著有色眼鏡在看世界。」不僅五官會欺騙我們，心更是具有欺騙性，如「杯弓蛇影」、「情人眼裡出西施」、「一朝被蛇咬，十年怕井繩」、「望梅止渴」、「良言一句三冬暖，惡語傷人六月寒」等。大量的事實表明，人的意識能改變物質。現代心理學的許多研究也說明，**心理狀態改變，外境也隨之有相應的改變**。這不得不讓人懷疑外境的真實性，我們是否要用新的眼光來看問題？

其實早在兩三千年前，佛陀就在《金剛經》中揭示道：「一切有為法，如夢幻泡影，如露亦如電，應作如是觀。」三年的研究生生活就這樣在探索中臨近結束。畢業前夕，我常常在西湖邊獨自散步，靜靜思考著未來的路。何去何從呢？儘管尚未十分明確今後的人生方向，但我已對這個虛幻的世界生不起絲毫留戀，這一切全都歸為佛法的薰陶。

蘇堤上的依依垂柳在晚風中輕輕搖曳，翠黃色的嫩枝似乎要撫平心中的思緒。乳白色的月亮緩緩升起，湖中的小魚不時地躥上水面，蕩起層層漣漪，圓圓的水月頓時變得奇形怪狀。當波光粼粼的水面慢慢恢復平靜時，我不禁想到了「猴子撈月」的故事。世人都笑猴子太傻，其實人又能聰明到什麼地步？「千江有水千江月」，千人當中又有幾人能返本還源、直認心月？哪個不是「起舞弄清影」，與幻象共舞？就這麼思前想後了很長時間，最終為了有一個單純、清淨的環境，我選擇了教師職業。

在蘇州大學電腦工程系工作的日子裡，我總是給學生重複著那些老教材裡早已落後的知識。因為電腦行業屬於新興學科，每半年知識就有較大更新。所以一到領工資時，我的臉總是發熱，心中很慚愧，這是誤人子弟呀。再看看滿頭銀髮的老同事，他們有的已工作三四十年了，為了多漲幾十元的工資考職稱，竟還像中學生一樣為應付英語考試忙得不亦樂乎。我不禁想：他們是不是我未來的寫照呢？

幾乎每隔幾天，佈告欄上都有新訃告貼出來，有老人，也有年輕人。那時我正按《大圓滿前行》觀修無常：**一切都是無常的，有生必死，聚極必散，高極必墮**。我真的覺得，眾生那脆弱的生命簡直就像秋天裡的蒼蠅，還能蹦跳幾天呢？不行，我絕不能就這樣度過一生。那就走吧，真真切切給心找一個不生不死的歸宿。

就這樣，我來到了喇榮。這裡沒有大城市裡惱人的喧囂，也沒有社會上難以面對的人際關係。在自己的小茅棚中自在度日，閒時看書，累了可以享受陽光的溫暖。有人說，人生最大的快樂就是做自己願意做的事，誠哉斯言。人生的道路是短暫的，也是漫長的，明天的話就留到明天再說吧。

*

我經常在列印室裡與圓作為了編排法本而熬夜苦戰，這次聽他的故事時也同樣。大概是太累了，他邊打瞌睡邊講，好幾次都快要進入臨睡狀態了。暫時記錄到這裡，如果明天他還接著講，我願意接著聽。

宇宙再大，大不過人心

這世上可有人發明過戀愛成功機、痛苦治療器、煩惱永斷儀？
為什麼我們可以探索太空，
卻無法面對內心的黑洞？

在社會的各個領域，都有很多傑出的專業人才，他們不為人云亦云的觀點所左右，凡事都要經過理智思索才會做出判斷。有這樣的一群知識精英，我們的社會才會如此百花齊放、推陳出新。

畢業於瀋陽工業學院的圓學，曾經有過非常出色的科技發明，後來出家學佛，也正是基於理智判斷的選擇。如果他不出家而投身於世間事業，一定會成為科技界的風雲人物，但他卻在佛學院安心地待了近八年。八年間，他從對電子科技癡狂，轉為思索心靈世界。

探討佛法之餘，在這個世界最大的佛學院，只要任何一個地方的電器設施出現問題，你都會看到他駕臨現場、手到病除的場景。

我一直覺得圓學在電學方面似乎有著與生俱來的「神通智慧」，還從未見過任何有關電的難題難住過他，這的確有些不可思議。有時佛學院添置的一些複雜的電子器械出現故障，保險起見，我們會邀請成都等一些大城市的電子專家前來會診。但當他們一籌莫展時，一直謙遜地站在旁邊一聲不吭的圓學，此時則會當仁不讓，問題也在片刻之間得到解決。連法王如意寶晉美彭措上師都說：「這個圓學，什麼電子科技都懂。」

許多專家在驚歎之餘向圓學建議，憑這手藝，在任何一個大城市都可以成就一番事業，圓學對此總是一笑了之。我很讚賞他對一位專家說過的話：「錢算得了什麼？精進修持才是人生大事。」

在一個晚霞絢爛的黃昏，披著黃色袈裟的圓學來到我面前。他的袈裟顯得很髒，似乎長時間沒有清洗，不過那張憨厚的臉卻和他的心一樣清淨無染。這個擅長發明技術的比丘，正在進行一場關於心地的偉大發明。

小時候，我的動手能力是很強的，可能是家族遺傳吧，我哥哥也非常擅長各種科技小製作。記得上小學時，我經常跟在哥哥屁股後頭，和他的那幫哥們兒一起玩些小玩意。有時我們會製作一些航模飛機在操場上試飛；有時又會心血來潮自製幾台電話彼此「喂喂」地大叫不已；有時還會製造幾個小小的只有火柴盒那麼大的收音機聽聽流行歌曲……

當時的我覺得科技是多麼了不起。古人如果想從瀋陽去北京，少說也得走上幾把月。現在，如果坐飛機，不用一個小時就可以到達；古人經常感嘆「家書抵萬金」，現在打個電話，一分鐘只有幾毛錢；古人要想瞭解外邊的世界，還得行萬里路，現在擁有一台電視，便可眼觀全球。那時我想，如果自己一頭扎進科學的海洋，說不定也會對人類進步翻騰出幾朵浪花來。

這讓我對科技的發展分外關注，小小年紀也經常翻閱哥哥訂閱的各種科普雜誌。對電子技術的偏愛更是到了如癡如狂的地步，以至於放學回家什麼都不想做，就想擺弄那些無線電，甚至通宵達旦地組裝一些電器設備。在我心中，萬般皆下品，唯有「電子」高。

年少的我還斗膽為整個人類設計了一張未來電子社會的藍圖，連如廁都實現了電子化，早上起來會有電子人主動幫你穿衣、洗漱，還會把雞蛋剝好餵進你嘴裡。當然，最讓我頭疼的作業，也有電子人幫我做好，我所要擔心的只是活得太長可怎麼辦？

對科技的狂熱，讓我最終選擇了瀋陽工業學院的電子技術專業，作為跨向電子時代的橋樑。這下可謂如魚得水，我泡在工學院的科技氛圍中不想自拔。不過人畢竟不是一件電子裝置，可以拆了再裝、裝了再拆，或是壞了再修、修了再用。隨著年齡的增長、社會的影響，我漸漸開始懂得，人這套「機器設備」實在是比任何高精尖的儀器都更精密、更神奇，因而也更值得去探尋他的奧祕。冷冰冰的機器沒有情感，而人卻有著根本無法用電路圖表示出來的「心」。

有時候一邊設計著電器的圖紙，一邊就在想，為什麼不可以設計人的靈魂呢？我們發明了那麼多東西，為什麼卻對能創造發明的這一主體沒有實質性的研究呢？對這個問題思索得久了，我便會不由自主地扔掉手中那些零零碎碎，十分苦惱地自問：「我是誰，又為什麼要做科技工作？」

上大學期間，還有一件事深深地刺激了我。與我從小一起玩到大的一個哥們兒，也是科技迷，跟我在同一個系裡讀書，是同樣能心靈手巧地搞出許多小發明的同宿舍舍友，卻因為戀愛失敗跳樓自殺了。這真是一幕悲劇，又帶點鬧劇的影子。記得他在戀愛最苦悶的時期，曾不無調侃地對我說：「要是能發明台『戀愛成功機』就好了！通上電，馬上可以把戀愛雙方牽引到教堂舉行婚禮。」是啊，在得到他自殺消息的當晚，我徹夜未眠，翻來覆去都在想，這世上可有人發明過戀愛成功機、痛苦治療器、煩惱永斷儀？為什麼我們可以探索太空，卻無法面對內心的黑洞？

很多時候，人生觀的變化就發生在剎那。當我一旦意識到無線電無法讓靈魂安息、無法給心靈充電時，我便開始了茫然而艱難的發明「心地」的探索。我很想知道是誰在指揮我，這個「指揮者」又在什麼地方？我所進行的一切活動的意義何在？它們符不符合「指揮者」的本意？這個「指揮者」最終會把我或者我最終會把這個「指揮者」引向何方？

那一陣子社會上正流行氣功，就像每回爆發流感我都會被傳染上一樣，這次也不例外。可能是物極必反，氣功當中有許多根本無法定量分析的神祕因素，讓厭煩了定量分析實驗的我立刻產生了好感。再加上先我練功的一個同學介紹，練得好了，強身健體、精神煥發都是小意思，最要命的是可以成仙成佛、長生不老、凌空飛行。現在想來真是可笑至極，以往那麼崇尚實踐、崇拜科學的我，聽了他的介紹，居然立刻欣欣然頗有嚮往之意。

可能這也是我愛刨根問底的一種習氣顯現，我馬上抱著好奇心參加了一個氣功訓練班。這下可好，不出一個月就來感應了，而且感應之強烈、迅速讓我感到害怕。但疑惑也越來越大，因為所有的這些感應都無法用科學公式加以解釋。我的牛脾氣又上來了，越是這樣越要把這個問題分析得水落石出。

就這樣，從不愛看人文讀物的我，也不得不翻開一些道家的書，試圖從裡面找到令人信服的理論根據。就是在這個過程中，我開始接觸到了一些佛教典籍。

記得有一回，我無意間翻閱到一本禪宗公案，裡面提到了氣功老師推崇備至的一位道教人物呂純陽，這引起了我極大的興趣。它講述了呂純陽碰到黃龍禪師的一段經歷。當年的呂純陽自認為已練成了不死陽神，正當他在黃龍禪師面前沾沾自喜時，黃龍禪師一語道破天機：「你呂純陽就算能活八萬劫，八萬劫過後呢？還得落空亡！」

這個禪宗公案對我不啻當頭一棒。我反問自己，你有了感應、遙視功能，又能怎樣？生死面前，就算能像X光機一樣透視張三、李四的臟腑，於你的解脫，於那個「指揮者」又有什麼關係呢？而且一個人就算是入定活了一萬年，於這世界、這社會又有何益？活著到底是為了什麼？

真是一波未平一波又起。原想通過練氣功找到生命的究竟答案，哪想越練問題越多。好在我這個人比較固執，可不願像我的好友那樣，輕易就以生命為代價向煩惱、困難妥協。我非要把這些問題搞清楚不可。

從此我才正式走近佛法，這個轉折在這一生中都將佔據最重要的地位——儘管現在才走了人生之路的三分之一，但我完全可以得出這樣的結論。我終於明白：我、人的一切造作，都是背後的「佛性」在指使。只是**大多數人都被蒙蔽了清明妙心，如果能隨緣應變，心不起分別、執著，就會感受到佛性的真正起用**。

那時，山河大地無不與你一個鼻孔出氣，全體為用，全用為體，科技、創造、發明乃至穿衣吃飯，無不是佛性的妙用。不明白這一點，你會永遠被外相蒙住雙眼，持續不斷地造作，離心的本性越來越遠；明白了這一點，則所有的人類活動都將在「即此用，離此用」的不執不離狀態下，向心的本性回歸邁進。

到那時，科技將會更加發達，而我們也不會執著，因為明白這些都只是心的顯現。由此心態會越發平和，社會也越發走向良性迴圈。我們不再被欲望所左右，而能「隨心所欲」地歡樂生存、歡樂發明、歡樂創造。曾經醉心於科技發明的我，終於懂得，如果不明白發明的目的何在，就只能是進一步刺激人們的欲望而已。

冷靜思考了很長時間之後，我決定出家修行。對社會而言，少一個科技工作者，地球照樣運轉。但對個人而言，我不想再把自己拋到輪轉不息的生死業流中去。

也曾為出家修行還是在家修行苦惱了很久，但後來一跺腳、一咬牙，大丈夫本當頂天立地，於此末法時代，要做就做一個能修有所成的出家比丘。不然待在家裡，恐怕這點雄心壯志又要被兒女情長耳鬢廝磨磨了去。人生已走過三分之一，剩下的三分之二豈不更要格外珍惜？難道還要把這寶貴的一分一秒，耗費在無謂的凡情瑣事上嗎？

做最有意義的事吧，橫豎都是以生命為本錢。

就這樣，一九九四年，我來到喇榮五明佛學院正式剃度出家。轉眼已過去了將近八年。如果讓我用一句話概括這幾年的出家生活，最好的描述便是，我在這裡找到了人生的真諦。附帶說一下，現在的我正負責管理整個佛學院的電器設備。當我拿起工具去修理大大小小的電路、設備故障，或因工作需要為佛學院發明、製造一些電子小設備時，內心便感受到以往從未有過的平和、自在的喜悅。

我將在上師的指引下走完未來的修行之路。我想親身領略終點的風光，就像一定要把某個發明進行到底，好看到它的結果一樣。這需要多少時間，我並不確定，但親手栽下的梨樹，相信總有一天能結出滿樹的碩果。

＊

圓學不希求外面的聲色世界，反而對心的本性孜孜以求。其實當你睜開眼睛，凡夫的五蘊馬上會被塵色所轉。在這樣的前提下，科學進步往往刺激著人類的物欲極限，人們的內心將離清淨的生活越來越遠。這樣說並非站在佛教徒的立場貶斥科學，這其實正是許多哲學家、科學家的洞見。

英國歷史學家湯因比就說過：「在二十世紀，人類已陶醉於工業技術的力量，但這毒害了環境，會招致人類的自我毀滅。人類必須獲得反省和控制自己的智慧。因此，需要警戒極端的放縱和極端的禁欲，需要走中道。我認為這是二十一世紀人類應走的道路。」

圓學能從這一洪流當中抽身勇退，不能不說是一種遠見。

園丁也需要「澆灌」

追求及格率、升學率，
連思想品德教育都以分數來衡量。在充滿功利的思潮中，
學校教育該去往何方？

幾乎人人都有學生時代，當學生時也習慣以仰視的角度看著老師。如果遇見真正的良師，對任何學生來說都是一種萬幸，這樣培養出來的學生將會是真正的社會棟樑。

但是當今社會，許多地方政府更注重經濟發展，衡量經濟指標的唯一標竿就是金錢。這種環境下，教育成了社會發展的助緣，而不是基礎。再加上沒有經濟條件的家長，無力也無心投資子女教育；有經濟條件的富翁又不懂如何培養子女的賢良人格，反而讓孩子過早染上唯利是圖的習氣。這樣的教育前景怎不叫人堪憂？

圓匠對此也有同感。畢業於山西師院的他，在多年的教學生涯中深刻感悟到，佛法的教育體系有多麼完備和殊勝。

＊

一九九八年，當我從山西師院西山礦務局師專數學系畢業後，便懷著滿腔熱情站在講臺上，開始了為人師表的生涯。

第一次揮動教鞭時，望著臺下那一雙雙純真的眼睛，我的內心有說不出的自豪。我終於體會到「人類靈魂工程師」沉甸甸的分量——教師在一張張心靈的白紙上描繪的，是整個人類的未來。在傳授學生專業知識的同時，更要把人類代代相傳的優秀傳統文化、倫理道德及人格操守，一點一滴灌輸到學生的心田，使他們能成為真正對社會有用的人。

這種美好而神聖的工作讓我感到無比光榮與滿足。因此，從踏上教育崗位起，我就花上了全部的心血。在我與學生們的共同努力下，許多學生都在國家、省級等各種數學競賽中獲獎，中考時也取得了非常出色的戰果。

事業上的成績可謂有目共睹；家庭生活中，我的妻子小成也是一個標準的賢內助。我們夫妻感情十分融洽，旁人都非常羨慕我們的幸福生活。

如果不是因為我們的朋友小王夫妻倆，可能我和小成就將沿著既定的生活軌跡平穩地走下去了。儘管剛開始，我們並不覺得自己發生了多麼翻天覆地的變化，但後來仔細回味，學佛的最早因緣應該就是從見到他們時開始萌發的。

很長一段時間，我們都沒有見到小王夫婦，再次團聚時，我和小成都感覺到，他倆說話隨和又莊重，和從前判若兩人，一問才知他們開始學佛了。可能是想把自己的心得儘快與好友享吧，談話間小王一個勁兒地給我講人生如何痛苦、山河大地等都是業力所感召、六道輪迴的真相，等等。一直接受唯物論、無神論教育的我嘴上儘管不說什麼，心裡卻一直在嘀咕：「唯物主義不是說世界是物質的嗎，怎麼會是由什麼『業力』形成的呢？況且現在人們的日子不是越過越舒坦了嗎，怎麼又說人生皆苦呢？」我想到了小時候看過的《西遊記》，就覺得小王說的可能是神話故事。

以後我們又去過小王家幾次，他們還是很積極地向我們宣講佛教常識，並反覆申說皈依三寶的好處。但是我的性格比較固執，不會輕易接受一個新的我不太瞭解的觀點。有時我也偶爾翻閱一下小王送的佛學入門書，卻僅僅把這當作一種消遣罷了。

生活照舊進行，當日曆翻到一九九五年暑假時，我和小成決定去一趟五臺山參觀遊覽。雖處盛夏，五臺山給人的感覺卻是那麼涼爽，陣陣山風給來自四面八方的朝山者和遊客送來縷縷清涼。在山西待了幾十年，我還是頭一次登上這座佛教名山，也是頭一次見到出家人，他們身上的那種超然物外、清淨古樸的氣質，讓我舒心悅意。這種感覺既熟悉又陌生。

我們隨著熙熙攘攘的人流在各個寺院參觀，也會不由自主地跟著旁邊的善男信女在文殊菩薩像前磕個頭、點炷香。路邊的商店裡播放著佛曲梵唄，悠遠的音聲似乎來自天籟之鄉。隱隱約約，我心中好像有一股莫名的情緒，跟著樂曲共鳴激蕩。於是離開時，我請了一盤觀音聖號的磁帶。

五臺山一遊，那巍峨的大白塔、雄渾古樸的寺院、莊重端嚴的出家人，都給我留下了深刻印象。從五臺山回來，山上的清涼似乎也被帶回了酷暑難耐的家中。有一天深夜，工作上的煩亂讓我久久不能入睡，心頭一亮，便打開收錄機，把那盤觀音聖號放了進去，「南無觀世音菩薩」的唱誦立刻瀰漫在靜謐的夜裡。

剎那間，小王送給我的書中，那些觀音大士救苦救難的故事，便不期然浮現在腦海中。四周寂靜無聲，清亮的月光下只傳來一聲聲清淨、悠揚、充滿悲憫的聖號聲。我一遍遍用心聆聽著，只覺得今夜這寧靜是屬於我的，這蘊含著平和氣息的空氣是屬於我的。天地與我同一，而我早已悄然融入觀音菩薩的心間……

也不知過了多久，我才從空靈一片的沉思中回過味來。一低頭，卻發覺不知何時我已淚濕胸襟了。這滿含慈悲的聖號，讓我生平第一次感受到，猶如站在高山上俯視人間痛苦的悽愴，我開始有些明白小王經常掛在嘴邊的那句話「**人生皆苦**」的意味了。當時我就在想，三年來小王給我講了那麼多佛法，卻被我漫不經心地忽略，從今天開始，我一定要仔細看看那些佛書裡到底都說了些什麼。

掃除了漫不經心，我小心翼翼地在夜深人靜之時，認真打開了第一本佛經：《金剛經》。今天想來，就是當初那一聲聲「南無觀世音菩薩」，才喚醒了我沉迷已久的心，才讓我體會到失去母親的遊子、孤兒的心境。

參閱了一段時間的佛教經論，對佛法有了基本的瞭解後，我和小成在一個秋高氣爽的日子裡同時皈依了三寶。不久，我們又在皈依恩師的指點下，共同來到舉世聞名的正法道場——喇榮五明佛學院，在這裡得到人天導師、眾生怙主法王如意寶的慈悲攝受，並從此走上了一條趨向解脫的光明大道。

從佛學院參學回來，我和小成都對佛法有一種相見恨晚的感覺。釋迦牟尼佛對宇宙人生真相的揭示讓我大開眼界；佛菩薩們的深廣智慧與無私大悲令我自慚形穢。我不得不重新審視自己及周圍的一切：作為一名教師要為人師表，自己與同事們平時雖也道貌岸然，但哪個內心不是充滿貪嗔癡？每日為柴米油鹽奔波，為你長一級工資、我當一回先進吵得不可開交，直至退休，難道這就是人生？

對比諸佛菩薩、高僧大德的偉大品性，我感到自己無地自容。佛陀的教育，是調伏自心，開顯本有的智慧，以悲智雙運再塑完美人格、再造理想社會。原以為自己好歹也算個正人君子，不偷不搶，工作認真，但對照佛陀宣導的五戒十善的人格標準，還是相差甚遠。更重要的是，內心深處還有一些很難對治的陰暗面。自己都「營養不良」，又如何灌溉他人的心田？況且僅注重追求及格率、升學率，連思想品德教育都以分數來衡量。在充滿功利的思潮中，教育該去往何方？

我常常想，佛陀揭示的因果規律、善惡業報、大悲心、菩提心、平等心，都是最好不過的思想品德修養。可是有幾個人懂得用佛法調伏煩惱，進而塑造美好心靈？

我把越來越多的時間與精力投入在聞思佛法上。但越深入就越發現自己的學佛大都停留在書本或口頭上，很難融入內心。學了幾年佛，煩惱依然未減，再這樣下去，真要變成口頭禪了。究其原因，一是沒有上師調教；二是沒有在清淨道場專一行持。自己畢竟還是一個凡夫，在濁流當中打滾久了，那點善根別說增上，沒被吞沒就算萬幸了。

也就在此時，我和小成有緣拜讀了《佛教科學論》，上師的金剛語讓我倆嘆為觀止。有時候，善根的成熟只需要那麼一點「酶」的催化，《佛教科學論》中的真知灼見就像那一點「酶」。我們反覆品味著這麼幾句話：眼前的一切無常而沒有實義，夫妻感情再好也有分離的時候，父母的養育之恩，僅靠給點錢或待在身邊孝養天年並不是最好的報答方法……

思前想後，我倆都覺得只有到喇榮五明佛學院這個清淨道場，跟著大恩上師出家修行才是最好的出路，才不會辜負了大好年華。

下定決心是在二〇〇〇年春節左右，那時學校剛好給我們分了一套房子，工資也馬上就要上調了，但我和小成對這一切已經毫無興趣。我們毅然辭別雙親，登上了列車，向著佛學院飛奔而來……

轉眼間一年過去了。在這一年裡，大恩上師滿了我倆的願——我們出家了！出家，百萬劫當中也不知能有幾回。因此我格外珍惜在這裡的每一分、每一秒，我想把上師傳講的無上甚深微妙法全部吸收到自己的腦子裡，想快一點嚐到法乳的甘美之味，還想盡早把自己的所學奉獻給社會⋯⋯

每當我和道友們迎著晨曦前往經堂，聽聞上師們傳講妙法，我的內心總是激動不已。真想告訴每一個人，這條路我是走對了。

＊

圓匠和小成在不斷地成熟善根、因緣具足後，最終踏上出家之路。他倆放棄對家庭欲樂的貪求，來到寂靜的喇榮山谷，過少欲知足、修學佛法的生活，沒有堅定信仰的人是做不到的。有人可能百思不得其解，但對享受佛法甘露的人來說，這其實是很自然的事情。

寂靜生活不單是出家人的專利，許多淡泊寡欲的在家人也非常嚮往這種人生。美國第一任總統喬治．華盛頓在獨立戰爭勝利後，就主動辭去大陸軍總司令職務，不當「國王」當農夫，回到弗農山莊當起他的種植園主，重溫「在我自己的葡萄架和無花果樹下乘蔭納涼」的寧靜生活。

作為一名凡夫，我偶爾也會對世間美景產生瞬間的貪戀，但大多時候，最滿足的還是簡單的修行生活。非常喜歡孔子的一句話：「**飯疏食飲水，曲肱而枕之，樂亦在其中矣。不義而富且貴，於我如浮雲。**」在孔子「粗茶淡飯，拿手臂當枕頭，富貴於我如浮雲」的心境上，若再加上「清淨聞思佛法」這一條，豈非妙哉？

孝，不在朝朝暮暮

我每隔幾天就往家裡打一個電話，
告訴父母我在外求學經商，一切都好，
請他們不要掛念。哥哥姐姐自然也幫我幾句腔。
父母一直耿耿於懷的是，這個雨來怎麼八年都不回來看看爹娘呢？

色達的夏天迷人至極，尤其是我院子裡的夏日風光。花叢中似乎聚集了所有的顏色，讓人以為姹紫嫣紅的春天還在繼續。一些小松樹、小柏樹間雜其中，青青的、嫩嫩的，在夏日晚風中輕輕搖曳。偶爾從地洞中、樹背後還能發現幾隻探頭探腦的小兔子，悄悄向四周張望。在黃昏燦爛而透明的光線中，蝴蝶蹁躚的翅膀劃出美麗的弧線。

經常有人說我的院子像個植物園，還有人說像印度的紅花花園，我卻覺得它叫書院最合適。我在這裡聞思、翻譯經論，這個小天地與魯迅先生、蘇東坡居士的書院該沒有太大的差別吧。

正在青草地上看書的時候，圓策拿著一尊文殊菩薩像來到我面前。「又要讓我開光哪？」我合上書卷。

「麻煩上師了。」他有點不好意思，

「上師，您什麼時候也給我的腦子開開光。」他摸摸自己的腦袋。

「可以呀！」我向他笑笑，

「到這裡有七八年了吧？智慧還沒打開呀？」我接過文殊菩薩像。他又是那麼憨憨地一笑。

八年前，圓策悄然離家，這些年一直隱瞞著出家的實情，在深入經論的日子裡，他沒有忘記遠方的父母，常有消息往來。他說，八年前的雨來已經有了新生，期待有一天，父母能叫我一聲圓策。

＊

聽母親講，我出生的時候窗外正下著瓢潑大雨，等父親渾身濕透地領著接生的醫生趕到時，我已經急不可耐地呱呱墜地了。興奮得不知說什麼好的父親，便脫口而出給我起了個名字——雨來。

在雨中，我降生到人間，大千世界中從此多了一個叫「雨來」的小不點留下的足跡。不記得兒時享受過什麼珍饈美味，但在非常貧寒的家境中，那種暖融融的和睦氣氛卻長久留在了記憶中。

父親每月工資只有三十六元，卻要養活一家七口。我深知父母捉襟見肘的窘境，便經常做些力所能及的事以減輕他們的負擔，比如常和哥哥爬上高高的榆樹去摘「榆錢兒」，以充全家之飢。每當黃昏掌燈的時候，全家老少圍坐在一起，聽著窗外淅瀝的雨聲，品著滿屋子氤氳著的榆花略帶苦味的香氣，那時候，我也大約能體味得出「闔家歡」的美好含義。

昏黃的燈光中，每一張泛著溫情、開心的笑臉，還有那一大盤冒著熱氣的「榆錢兒」，便形成了我對童年最溫馨的記憶。

在艱辛中長大，清貧隨著時間的流逝漸漸成為記憶中的風景。哥哥姐姐都相繼大學畢業並找到了理想的工作，我也考上了財貿管理學院學習經濟管理。大學給了我充分的時間去閱讀。喜歡歷史、名人傳記的我，廣泛流覽了東周列國、先秦兩漢的史料。每每讀到諸侯爭霸、忠孝節義之臣慷慨赴死的情節，我便忍不住遐想連篇、魂魄飛蕩，想自己什麼時候也能報吾土吾民，以濟蒼生；看到奸人佞臣，便往往拍案而起，恨不能一手擒來、誅而殺之。就這樣在躊躇滿志、幻想與失望的交替來襲中，度過了少不更事的大學時代。

在人間的生活好像就是這樣，每個人都沿著命定的軌跡匆匆向前。前人如此、今人如此，後人還將重演相同的故事，只不過換個軀殼、換種方式而已，生活的實質本無不同，無外乎生老病死。

畢業後，我被分配到廣播電視局，擔任會計並負責廣告的宣傳策劃。日復一日的生活中，我也沒覺得就這樣過下去有什麼不好，反正大家都這麼過。只是偶爾會有一絲淡淡的失落、傷感湧上心頭——真就這樣過完一生嗎？

每當這時，我總愛站在地圖前，在想像中跨越高山與大川，讓封閉於狹小空間的心得到暫時的釋放。我的手指撫摸過雲南的西雙版納、西安的兵馬俑、成都的都江堰……每當目光停留在四川的時候，心總是倍感親切。我常常指著它喃喃自語：「以後一定要到那裡去。」現在回想起來，那是怎樣的一種因緣？我最終踏上了這片土地，並且一住就是八年。

世間的生活按部就班地繼續著，直到那次拍攝廣告。命運往往就是這樣，在一瞬間被徹底扭轉了方向。

那天，我和同事到郊區集貿市場採訪拍攝，收工後正準備回家，忽然看到一隊人馬吵吵嚷嚷往一個院落裡湧去。我也不知哪兒來的興趣，便鼓動同事一起去瞧瞧熱鬧。剛到門口，「華嚴寺」三個大字便赫然入目。我不禁詫異萬分，在這裡生活了這麼多年，竟不知道眼皮底下還有這麼一個寺院，趕忙拽上同事隨著人流擁進去。

裡邊的庭院不大，三間瓦房裡供奉著幾尊佛像，有一個經書流通處，兩邊是簡單潔淨的僧寮。一位師父見到我們後，很熱情地迎了出來。我們都是初次與出家人見面，根本不知該說什麼好。師父便送了我們幾本《覺海慈航》、《因果輪迴》之類的小冊子，囑咐我們回去後靜心地看。

想來，這就是我與佛教的初次結緣吧。本來大腦中一點佛教的概念都沒有，更甭提什麼信仰了，還多多少少以為那是迷信，反正從來也沒研究過。那次的不期而遇卻讓我心中產生了一些漣漪。出家人那麼熱情，這寺廟看起來也不錯，那就看看佛教到底說了些什麼。就這樣，我首先打開了《覺海慈航》。

看過之後，我雖對裡面的觀點不能完全接受，卻對善惡有報很認同。還有些問題不明白，便想去問那位師父。這樣一來二去，我也就成了華嚴寺的常客。往寺廟跑的次數越多，越羨慕出家人那種超然物外、悠然自得的心態。同時也漸漸對世人不解生存之苦，反而執著於聲色犬馬、勾心鬥角感到乏味。聯繫曾經讀過的春秋史冊，越發感覺今人之唯利是圖、為錢喪命、損人利己、中飽私囊，與古人所謂「丈夫寵辱不能驚，國士如何受脅凌。若是忠臣奉廉潔，外人未必敢相輕」相比，簡直不可同日而語。

這時候，我的思想開始起了波瀾。到底是別家辭親走到青燈古佛黃卷中，還是繼續做我的財會和廣告呢？

一九九四年三月，四川成都昭覺寺的一位法師到我們那兒傳法，對我教益良多。法師言談舉止間總是透著一股飄逸脫俗的風韻，而且佛法造詣頗深。

記得他反覆對我開示，講明人身難得、佛法難聞的道理，有幾句話留給我很深的印象：「你以為你能活多久呢？是不是可以萬壽無疆？有限的人生除了用來上茅房、進廚房、躺床上，是不是還該做點別的？」

想起自己往昔的豪言壯語，細細斟酌，發現那畢竟不是利益大眾的真正道路。自己喜歡的那麼多春秋義士、戰國英雄，別說扭轉歷史了，有哪一個能扭轉得了自己的人生呢？看來只有精進聞思修，將來弘揚佛法、淨化人心才是正途。

我朦朦朧朧的出家志願開始日漸清晰了。與這位法師商議時，法師說：「出家實乃大丈夫之舉。但最好能把父母安排好，不要有後顧之憂。」

這個時候，我開始體會到「自古忠孝難兩全」的滋味。父母恐怕是安排不好了，他們無論如何不會同意我這個孝順兒去當「斷子絕孫」的和尚。無奈，我只好騙他們說要去美國小姨家，並說朋友在北京已替我辦好了護照。本想星期天走的，不想，星期五就被姐姐發覺了，她一言不發紅著眼圈就要進父母房間。我一把拉住她，小聲抽泣著說：「讓我做我想做的事吧，否則我會痛苦一輩子的。」

我就這麼拉著她的衣袖，她就那麼紅著眼睛看著我。過了很久很久，姐姐嘆了口氣，哽咽著說：「你走吧。」說完轉身就撲進了自己的房間，關上房門的一剎那，我看見她的後背在劇烈地顫抖著。

當天中午，我就到單位把事情處理完了。回家後，看到老爸老媽正在客廳裡看電視，姐姐一言不發地陪著他倆。等到我進去，姐姐硬擠出一個笑臉，在我眼裡，那比哭還讓人難過。

我最後望了一眼這個塵世中的家，望了一眼操勞大半生的爸爸媽媽，心中一陣酸楚：今天我就要離開你們了，以後我就沒有世俗的家了。掩上門，我悄然離去……

時至今日，我出家的消息一直瞞著父母。在雪域高原，在喇榮，八年來，我每隔幾天就往家裡打一個電話，告訴父母我在外求學經商，一切都好，請他們不要掛念。哥哥姐姐自然也幫我幾句腔。父母一直耿耿於懷的是，這個雨來怎麼八年都不回來看看爹娘呢？

我現在已不叫雨來了，八年前剃度的那一天，我就有了個新的名字，叫圓策。什麼時候，父母能叫我一聲圓策呢？

在人間，就有許多這樣的無奈，每個人都不可能活得圓滿，就看你如何取捨。我只能選擇捨棄小家，否則帶著這麼多羈絆，又如何走上出世間的大道？現在我最強烈的願望就是快快修成，好有能力去解救父母以及如父母一般的無邊有情。願所有眾生都能在佛陀的大家庭中，享有生命最自在的歡唱。

＊

圓策講完的時候，太陽已經西墜了，它的最後一抹光亮在文殊菩薩像的臉上淡淡地敷上一層金輝。四周靜謐極了，飛舞了一天的蝴蝶此刻靜靜地佇立在青草尖上。很少見過如此絢爛的翅膀，金色鋪底，上面點綴著星星點點的橙紅色花斑，在黃昏柔和的氣息中微微浮動。我和圓策此刻都把目光專注在了牠的身上⋯⋯

再不修行就晚了

家人給我買了上千元的奢華時裝，
他們說：「趁現在年輕，好好打扮。人死如燈滅，再不玩就晚了……」
我想起了悉達多太子，如何捨棄萬千榮寵，為道苦行。

北京是全國的政治文化中心，那些名聞中外的名勝古蹟，故宮、頤和園、長城……令很多人為之神往，希望有朝一日能踏上這塊古老而神奇的土地。

圓成就是一名畢業於北京北方交大的大學生，卻最終離開了這座讓許多人留戀不已的城市，來到遠離喧鬧、繁華的雪域淨地求法。她常常為佛陀的故事淚流滿面，一心追隨導師的足跡，去實踐一種遠離過失的生活。

＊

我畢業於北京北方交通大學，畢業時獲工程學士學位。在大學二年級下學期，開始信仰並研究佛學。周圍的同學對我學佛的舉動甚為不解，尤其是看到我去寺院頂禮佛像、參與放生，有的人竟懷疑我是否精神有問題。

每當放假回家，我也喜歡靜坐唸佛，並為家人宣講因果。家裡奶奶、父母也認為我在搞迷信，不現實，頭腦簡單。

面對親人的反對與指責，我並沒有動搖對佛法的信心，相反，一有時間就涉獵有關佛教的雜誌與經典，以加深對佛理的認識。就這樣，我邊生活邊學佛，直至最後來到喇榮聖地，並成了一名出家佛弟子。

對於人們的種種疑惑與看法，我心裡是怎麼想的？我是如何走上學佛之路，又是什麼原因使我義無反顧、堅定信心的？

回想起來，最初的學佛緣起應該追溯到一九九六年。那時，我學習勤奮，從不懈怠。由於學的是機械專業，面對陌生的《機械原理》、《機械製圖》，我總是要花比別人多幾倍的精力，有時一張零號的大圖紙要連續畫幾天才能畫完。

平時我就特別喜歡鑽研，並因此參加了學校和北京市舉辦的多次數學和物理競賽；我也曾在學校舉辦的綠色軍營演講賽中獲得過第二名……不過這些如夢如幻的往事，我都已淡忘了。

沒有晚自習的時候，我會到校圖書館四樓的閱覽室去閱讀報刊。有兩種雜誌我最喜歡看，一個是《名人傳記》，一個是《氣功與科學》。我雖然從未練過氣功，但對那些神祕的事情和養生之道很感興趣。

一次，看到《佛教文化》中有一則簡訊：當代一位著名生命科學家將在北京雲崗舉行生命科學講座，我便馬上跑去了。在他滔滔不絕的講話中有一句觸動了我的心靈。他說：「你們聽了這堂講座後，也許會特別喜歡讀佛經。」爾後他就發給每人一本書，書中有《般若波羅蜜多心經》的解釋。

這是我平生第一次讀佛經，滿懷著喜悅和好奇。書中說：「房子有成、住、壞、空，身體有生、老、病、死，身體不是真正的『我』，它就像一座房子，本性是無常空性的。」我反覆琢磨，覺得這些話很有道理。既然連身體都沒有什麼好執著的，身外之物就更不用說了，沒有必要為了這些造作惡業。

從此以後，我在待人處世方面便不再像以前那麼執著，對飲食、著裝、財產、名利、別人對自己的看法等，也不再有非理的要求。這些改變讓我開始體驗到一種前所未有的快樂、幸福和安寧。一位大德說過：「知足是最大的財富。」而只有懂得佛法中最基本的苦、空、無常、無我的道理後，才能做到真正的知足。

一次偶然的機會，我在校門口買到一本《淨土五經》，隨後就非常恭敬、認真地閱讀起來。當時，雖沒有多少佛法基礎，可是對經中所說，諸如對人莫造惡業；莫要殺生；莫欺詐經商；莫對父母不孝；莫對師長不敬；死時獨去獨往，唯有善惡業如影隨形，其他富貴、權勢、親人等無有任何助益等的教言，我卻深有感觸。

後來又閱讀了鄭孝時居士在五臺山編寫的《釋迦牟尼佛傳記》，頓感整個身心都受到了洗滌。我經常被感動得淚流滿面，從此才算理解了印度前總理甘地所說的話：「他（釋迦牟尼佛）的巨大貢獻，他的出家學道和毫無瑕疵的生活，在印度教中留下了不可磨滅的印象，印度教也會永遠感激這位偉大的老師。」

記得佛說過：「人身難得，心即是佛。心能作天堂，心能下地獄，心能成餓鬼，心能作修羅。**心善則一切善，心惡則一切惡。**」這些深入人心的話語，更使我認識到佛陀的偉大。我想：要聽佛的話，好好修自己這顆心。

一九九七年春天，我從《英語週末》上看到一篇介紹北京千年古寺法源寺的文章，並且還附有彩色照片。其中有一張是一個出家人正在寮房門口靜坐，他身穿藍色海青，雙手結印，身體端直。這張照片令人油然而生一絲敬意。

在一個休息日，我便和同學一起朝拜了這座寺院。臨走時，我們遇到了一位老師父，他坐在千佛殿門旁的長椅上，讓我們坐下，然後開示說：「學佛好啊，皈依三寶，不墮惡道；唸阿彌陀佛，往生極樂。好好做佛弟子吧。」老人手撚念珠，嘴裡不停地唸著阿彌陀佛，不快不慢，滿臉紅暈，眉毛垂至眼角，我和同學從心裡都很喜歡他。

同年四月份，我們又去了法源寺，當時正好趕上受三皈五戒。我問身旁的居士：「皈依到底是什麼意思？不皈依的善人與皈依的惡人有何區別呢？」她說：「皈依就是一心一意地依止、依靠。世間的天龍鬼神以及親友都不能救渡你跳出六道輪迴，只有佛陀已超出三界，才有這個能力，『天上天下無如佛』啊。不皈依的人雖然行善，但是福報享盡後，終要墮於惡趣之中，解脫遙遙無期；皈依的人作惡，當然要受惡報，但惡業受盡後，他還會投生善趣，因其往昔皈依的善根種子能使他速遇佛法，從而得到究竟解脫。」

我一邊思考著居士的話，一邊心想，到底要不要皈依呢？我的同學也陷入了猶豫之中。大殿的門此時已經開啟了，求皈依的善男信女們開始陸續進入殿中。我發現人群中有與我同齡的，還有小孩子，而且又大都長得慈眉善目，於是我便也拉著同學進入了大雄寶殿，從此我們便正式成了佛弟子。

再後來，我便知道了法王如意寶的名字，那得益於一本介紹聖地喇榮的書。書中寫道：「凡對上師如意寶有信心，見到照片、聽到上師的聲音，與上師如意寶結緣的所有眾生，都必將往生極樂世界。」當時我的心十分迫切，每晚都要觀看上師如意寶的照片，並祈禱能早日見到上師。又因為知道喇榮聖地有講經說法，可以聞思修行，而且聖者雲集，所以我也非常嚮往能到這裡來。畢業後不久，我就實現了自己的願望，順利來到喇榮，並成為一名出家人。

從離開校園到來佛學院之間的這段日子裡，我留在北京的一家公司。當時許多人都為我能留京而羨慕不已。但我待在公司的時間越長，心裡反而越不安。我無法忍受公司裡的溜鬚拍馬、爾虞我詐。我看不慣虛偽，更不忍心騙人。但在公司裡，作為一個職員，你能做的只有這些。我的厭離心就是在此時開始萌生的。

而家人庸庸碌碌的生活方式更增加了我對這個世間的厭惡。家人給我買了上千元的奢華時裝，他們說：「趁現在年輕，好好打扮。人死如燈滅，再不玩就晚了……」

我想起了悉達多太子，如何捨棄萬千榮寵，為道苦行。我很難跟他們解釋，但也由此知道了我必須去喇榮，而且越快越好。因為在那個沒有一間寺廟、沒有一點正法的家鄉，父母家人一定會將我剛剛萌發的一點善根，連拉帶拽地再次拖入生死河中。

＊

對我而言，前面的故事已告一段落，在未來的修行之路上，我將牢牢記住《二規教言論》中的兩句話：「雖此大地滿惡人，然自當持高尚行。」我也願以此教言，與所有有緣者共勉。

現在的許多年輕人都把豪華別墅、寶馬賓士當作自己一生的奮鬥目標，他們對名利地位趨之若鶩，對聲色犬馬津津樂道。可他們並不明白，這一切對人的靈魂塑造、心理健康有著多麼大的負面影響。我個人堅定地認為，圓成的選擇才是真正明智的。

再來看看藏地的孩子，他們一般都秉性善良、心地純樸，因為極少受到現代社會窮奢極欲生活的影響。而在大都市中，所謂的現代文明卻正以影視等媒體為先導，在畸形膨脹的經濟浪潮裏挾下，鋪天蓋地地滲入生活的方方面面。想到這兒，為藏地的未來，不免憂心忡忡。

任何一個品行端直的人都會感覺到，濃妝豔抹掩蓋下的往往是一張張蒼白的面孔；奇裝異服包裹的常常是一個個乾癟的靈魂。美好的青春年華怎能在歌舞廳、酒吧、網吧裡尋歡作樂，百無聊賴地虛耗？

年輕人，應該反省反省了，沉溺於物欲的生活，對你的心靈成長到底有多大的好處？青春易逝，切莫讓年華付水流。

肆
一個人的聖地

假如沒有遇到佛法，沒有選擇佛學院，
現在的我又會飄蕩在何處？是在牌桌旁，還是舞場裡？
還是整日握著畫筆，試圖描繪出這個我根本把握不住的光影世界？

信仰不是一句玩笑

有人認為我將成為書法家；有人把我當作「大眾情人」；
舞場中，我的勁舞很受歡迎；戲臺上，扮演「流氓」角色是我的一絕……
他們都接納了我這世俗方面的顯現，
卻將我的信仰僅僅當作是一種人生的戲耍。
一位女生說：「他會出家？我才不信呢。」

圓修是成都電子科技大學英語系的本科生，一九九九年來到佛學院。他年齡不大，但性情溫和，老成持重，所謂「疾言厲色」在他的臉上是看不到的。

在一次管家會議上，我問起他的學佛因緣。他敞開心扉，講述了一段心靈蛻變史。從「及時行樂」到「及時行善」，佛法帶給他的改變難以想像。他說要神遊內心的無極風光，縱使身邊無人喝采。

＊

學佛是我真正懂事以後的人生選擇。而在小時候，家鄉用來罵人的最厲害的一句話便是：「你怎麼不去當禿子？」這種蔑稱，使我幼小的心靈中對出家人產生了非常不好的印象。

小時候我挺怕死的，所以非常喜歡「及時行樂」這句話。萬一哪天沒命了，人生中的許多樂趣卻還沒嘗到，豈不太虧了。因而初中時我就「及時」地抽菸喝酒，如此「行樂」了兩三年，結果考試成績經常名列倒數前幾名。樂趣沒找著，母親倒是痛哭了幾回，以致最後補習了一年才得以混進高中。

高三時，偶爾接觸了「潛息氣功」，按照它的要求修煉了一段時間後，渾身上下出現的現象讓我既新奇又大惑不解，這是我從小到大從未有過的身心體驗。可能我們對身心世界忽視得太久，一旦「潛息氣功」重新打開了這個視窗，才發現自身原來蘊藏著如此巨大的潛能。練了一年左右吧，身心的確有所改觀，自己的覺受和同學親友的一些實例，讓我對特異功能的存在確信不疑。但有一日，忽聞初中時的一個女同學因舞場惹禍而橫屍家門，這個突發事件讓我不得不重新審視生命的含義。我本來就怕死，現在又親眼看見了生命的脆弱，人生苦短之感便漸漸充溢於胸了。

這時，一位同學給我推薦了幾本書：《向知識份子介紹佛教》、《一位科學工作者研究佛經的報告》及《佛學群疑》等。本是帶著挑剔的目光來看這些書的，只準備將佛法當作修習氣功的輔助而已。誰料在一段時日的閱讀之後，原先對社會、人生的一些苦悶與迷惘，竟在經書中一掃而空。

在佛法甘露的滋潤下，我暢快無比，感覺與內心甚相契合。不久，我便徹底放棄了氣功，心安理得地遨遊在佛法的智慧海洋裡，薰習日久，竟悄悄萌發了出家之志。慎重起見，我做了三四年的痛苦等待。

有時為了「考驗」自己，便有意恣情放浪形骸，以便觀察此心能否真正淡於紅塵、安於寧靜，不為聲色犬馬所左右。同時又全力爭取考上外省（我家在貴州）重點大學，多少讓父母稍感安慰，也可擺脫他們的直接影響，好等因緣成熟後悄然出家。

最後，天遂人願——我順利地考入了四川成都電子科技大學。上大學時，我常常悲哀地發現，大多數同學根本不理解我。有人認為我將成為書法家，因為只要臨賽前找幾本帖子參研一下，我的一幅中堂或對聯便有可能在全校獲一等獎；有人把我當作「大眾情人」，因為我和許多女同學的關係都不錯……他們都接納了我世俗方面的顯現，卻將我的信仰僅僅當作是一種人生的戲耍。

一位女生說：「彭大師（她們對我的戲稱）會信佛？他會出家？我才不信呢。」心的真誠無人喝采，行為的造作倒「應者雲集」，這世界是否有點顛倒？

一九九九年夏，寬霖老和尚與清定上師相繼離世，在成都的我，心中茫然不知所措，頓覺人世無常、勝緣難求。小時候一直畏怕的死亡陰影，更使我對了生脫死的佛法充滿渴求。兒時對出家人的惡劣印象，早已換成了對聞思經論、閉關苦修的出家生活的嚮往。我本來就鄙夷猶豫不決的小人心性，大丈夫當機立斷，此時不走，更待何時？於是，拎著簡單的行李，唸著大悲咒，我一路徑直奔向期盼已久的佛法聖地——喇榮五明佛學院。

轉眼，我在佛學院已待了兩年。兩年來的聞思讓我對世人誤解佛法、鄙視出家人的愚癡言行深感痛惜。我想告訴他們，如果你真的關愛生命，真想探究關於身心乃至宇宙的終極真理，為什麼不能以寬容之心對待佛法呢？佛法至少不會教人殺人放火，有什麼理由不給它一席生存之地呢？

記得有人說過：「人死之時，心中萬分留戀與恐怖。也許出生時，同樣因恐怖與不情願，我們才哭著來到如此難捨的人間。」話頭話尾，值得有心者一參。三世因果的存在，使我安心不少。對死亡的害怕，也就悄然消融在當下的努力與對未來的長遠規劃中了。

對佛法，我只是剛剛涉及，略知皮毛。現舉《大方廣佛華嚴經》中的點滴內容，將個人的心得體會呈現給大家。經中，佛陀不假借任何儀器設備，在他自證的現量境界中，提到各種生命體所居世界，有仰世界、覆世界、側世界等種情形。聯繫地球，以北極為仰世界，則南極為覆世界，赤道上為側世界。如此，地球之圓相已見端倪。擴而宏之，經有「十方三千大千世界」的說法，正是十方虛空無有窮盡，世界國土不可限量」。因此，佛教展示的空間是無窮浩渺的，時間亦無始無終，遠非「天圓地方」的狹隘思量所可比擬。

如此廣大的宇宙，又與我們的身心世界和諧一體，是整合的統一場，有著眾妙之門，即《華嚴經》所說的「十玄門」。比照當今的科學理念，頗令人玩味。這裡我不做廣述，有興趣的人可以自行翻閱。總之，如果將身心世界命名為法界，四種法界就已將宇宙人生的奧祕盡示無餘。

四法界亦即事法界、理法界、理事無礙法界、事事無礙法界。凡夫通過修行，歷經這四個層次就能證得一真法界的實相，也就是成佛。最起碼，若我們能懂得理法界的內涵，就能了知佛教圓融大平等的義理。

縱向來看，現在入於過去，過去入於未來，一念可入漫長歷史，漫長歷史又可歸為一念。橫向來說，沒有絕對卑微的小，因為一是一切；也沒有絕對尊貴的大，因為一切是一。由此縱橫無二，一味平懷，等視群生。這儼然為社會建設及人心教化提供了理論方向。並且，**若能按佛教的方法去實踐，最終必能超越凡情，遠離一切煩惱困頓**，真誠奉勸諸位有識之士，只有深入經藏，方能智慧如海。如果沿著聞思修的路徑前行，待一朝靈機妙發，定能頓然朗徹大千世界的本來風光。

＊

圓修一口氣講完他的大學生活、他的思想轉變、他學佛後的觀點境界。我一字不漏地品味著他的話，盡力想走進並領會這個學佛者的內心世界。

等他意猶未盡地結束論述，我發現在座的管家們有的已酣然入夢；有的則興奮地睜大雙眼，跟我同樣欣喜；還有的在竊竊私語，對他的學佛之路頗多感觸……

但我不得不終止這一切。我提醒大家：「還是進入正行吧，畢竟這次開會的議題不是圓修的學佛之道與華嚴十玄。」打斷了大家的分別念後，我們開始了今天的議事日程……

工具年代的主僕關係

在繁榮的表層下，是擺脫不掉的深層痛苦。我想這根源在於心逐物欲，以致失掉本來的清淨面目。我們正被自己的工具所驅役。

每個人都有獨特的人生軌跡、與眾不同的人生故事。在佛學院的漢族四眾弟子中，圓拔就屬於比較特殊的一類。我至今仍清楚地記得，他出家不久，家人就跑來佛學院將他押赴回鄉，結果，他在途中設法逃走，重新回到佛學院的懷抱。

從一九九四年他來佛學院算起，我跟他的相識已逾七個年頭。這個小夥子，一九六四年出生，一九八二年考入武漢大學物理系，一九八九年考入北京大學攻讀物理學碩士，一九九二年畢業後留在北京工作，一九九五年來佛學院正式出家。

他剛到佛學院的時候，本著物理學「格致」的字面含義，舉著實證、唯物兩把尺規，幾乎天天找我和慈誠羅珠堪布辯論。現在的他，依然保留了一個科學工作者應有的嚴謹、求實，只不過背後的指導思想，比起當年的實證理論，早已不可同日而語。

當我問起他求學、出家的經過與因緣，圓拔的話匣子一下子就打開了。

*

進入大學後，每每於閒暇無人之時，我總是被一些問題久久困擾，那就是人為何而生?人生所求又是為何?前思後想、輾轉反側，依然不得其解，總是感覺身心空蕩蕩的，無所寄託。

儘管父母對我非常慈愛，他人也多投來羨慕的目光，這種百無聊賴的空虛卻無法排遣，於是便借由書籍來充實。我曾遍閱氣功、道教、佛教典籍，也曾自修氣功，顛來倒去，但收效甚微。後來，偶然在圖書館借到一部《金剛經》，讀後雖不甚明瞭，卻怦然心動。

此後我又翻閱了《佛教書籍彙編》，從此漸漸深信，唯有佛教才能解決自己身心的痛苦。在廣泛涉獵了大量的佛教經論後，我於一九八九年寒假正式皈依了佛門，並在師父的教導下開始持誦「百字明」。這些初步的聞思修行已讓我的身心有了諸多感應，於是，我越來越認定佛教是真實不虛的，絕非世人譏謗的迷信之論。為更求深造，一九九四年我終於來到了喇榮聖地聞思佛法。

可能是時節因緣未到吧，加上自己業障深重，在喇榮待了一段時間後，我就又回到了北京。

回京後的那段日子是我人生最備受煎熬的階段。那時我在一家電腦公司，商場爾虞我詐的環境讓我越來越害怕，苦苦追尋的解脫之道，剛剛因值遇聖地、值遇上師而稍露光明，難道即將夭折？

「**無上甚深微妙法，百千萬劫難遭遇**」，一旦錯失因緣，再回頭恐怕已是百年身。但父母那邊又如何交代呢？就這樣，我彷徨於世間感情、名利與出世修行之間，達半年之久。直至一九九五年十月十三日，自己突然醒悟：六年前的今日踏足北京，難道這六年還不足以讓我參透、看破、放下塵緣？人生又有幾個六年？我下定決心，隻身再次奔向佛學院。一到這裡，便好像順理成章似的馬上出家為僧。

記得我剛來的時候，無論如何也放不下對物理學方法、理念的執著。這麼多年過去，回頭再看看佛法之理與物之理，感覺真如天淵之別。科技的日益發達，更加反襯出人類的可悲。知識爆炸讓各種學問日趨繁雜精密，卻仍然解決不了世人身心的煩惱。在繁榮的表層下，是擺脫不掉的深層痛苦。我想這根源在於心逐物欲，以致失掉本來的清淨面目。我們正被自己的工具所驅役。

比如關於意識與物質誰先誰後的問題，多年來科學界、哲學界都未有定論。有一種哲學觀點認定物質先於意識而存在，物質第一性，意識第二性，意識對物質具有反作用。學佛之前，我對此種觀點未加分析就全盤接受。現在，有了佛法的正知正見，我想在此對這一觀點略做剖析：首先，心識具有能動性或主觀創造力，而物質明顯不具有此種功能，那麼物質決定意識豈非無中生有？若無中可生有，那無中不生有也應能成立。以物理學為例，任何量，在更大的範圍內都是守恆的，如物質守恆、質能守恆等，從來沒有無中生有之理。而意識既然有能動性，由意識產生物質豈非更為合理？

其次，我們一般人認識世界都借助於眼、耳、鼻、舌、身、意，以眼睛認識色法來說，所謂的「看見」只不過是借助光線等因緣，在眼識中產生了一個影像而已。除此之外，山河大地從本性上來說並非實有，這些千姿百態的影像和夢中見到的色法又有什麼不同？剩下的耳鼻等感官的本質也可以此類推。佛教唯識宗指出，外境的色法或物質，只不過是業力所感的心識幻現，本無實有。大前提都不成立，再言物質先於意識、決定意識，豈不是錯上加錯？

再者，物理學中都說物質由分子構成，分子由原子構成，原子由原子核與電子構成，原子核由質子與中子構成，質子由基本粒子構成，諸如此類，而佛教的著眼點並非在此。以中觀自續派的離一多因進行分析，就能了知，既然粗分由細分構成，粗分就沒有真實的自性。而細分還可再分，所以可判定細分也沒有自性。如果用數學極限來推理，就能認知任何物質從粗分乃至最微分都不是實有，都沒有自性。理解這一點，便可理解唯識宗萬法唯心所現的道理，也有助於理解中觀應成派一切不予承認的最究竟的大空性觀點。

還有，物理學中講述物質的運動變化時，著重的是量上的關係，如講裂變、聚變等，從實驗就可以得出一定的品質能轉化為一定的能量，其公式即$E=mc^2$。其中E為能量，m為質量，c為光速。以佛教的觀點考察，如果用中觀自續派的大緣起因觀察，既然在一定的條件下，品質可以轉變為能量，那麼二者就都並非恆常不變，而是觀待因緣。一旦觀待，就不會是獨立、實有的存在。

來佛學院前，我曾對物理學的研究方法，頗引以為豪，認為這種「嚴謹」、「慎重」、「求實」的方法論非常值得佛法借鑑。而現在，站在佛法最究竟的立場，重新審視物理學的方法論，真有一種登萬仞峰頂而小視天下的感覺。

其實，像量子力學等學科，都是建立在一定的假設或公式之上，再借助數學來構成一套理論。當這套理論可以解釋新發現的物理現象，並預測尚未被實驗發現的現象，而這些現象又能被將來的實驗所證實時，就可以稱之是一個偉大的理論。但是再偉大的理論也有它的適用範圍，就像愛因斯坦的理論超越了牛頓時代一樣，因為這些都是第六意識的產物。而諸法實相、大空性，以至佛的如所有智境界，遠離了一切分別妄念，無有二取，現量所見。二者的差別，懸如天地。

但所有的科學都具有共同的特徵，那就是：對新事物的探索，常常需要採用一些科學的假說來進行小心翼翼的推證。對於博大精深的佛法體系，如果動輒就斥為迷信，這種做法並不符合科學的精神。就像唯物主義所宣導的：「沒有調查，就沒有發言權。」

如果你能潛心深入佛法，最終一定會發現，它也是關於宇宙、社會、人心的一種理論與實踐。

*

圓拔回去的時候已是深夜。抬起頭，滿天燦爛的星斗將人的視線引向無盡的宇宙。這遼闊蒼穹、浩瀚時空，引得多少科學工作者殫精竭慮、畢生求索，以期了悟宇宙的真相。然而一個個定律、理論總是被後人一次次地超越和推翻，因為它們並不是最終極的答案。

如果說圓拔出家前的求學之道，代表了世間大多數學科的治學方向，那麼佛法則無疑給他，也給我們提供了一種嶄新的認知途徑。我們是否應該從單一對物質的推究，轉向對人心的把握？佛法不但可以揭示水分子的緣起性空，更能指示心的方程式，它才是萬法的本源，是一切謎題的關鍵所在。心之為物，其妙處有幾人能知？

從物理到心理，願圓拔能在「心」途上百尺竿頭更進一步，最終回歸心物一如的圓覺狀態。

可以豐富，不可以盲目

五顏六色的油彩建構起關於世界的紛繁表象。但油彩的背後只有一個特徵——盲目。

每個人追尋人生究竟意義的途徑都不同。

有些是遭遇太多磨難而入佛門，以期找到擺脫痛苦的方法；有些是看透了世界的虛幻而探究真相；還有的通過深入思考而對般若正見確立起信心……

無論人們選擇的路有多麼不同，只要虔心學佛，最終都能擺脫煩惱抵達幸福的彼岸。魯迅先生說：「不在沉默中爆發，就在沉默中滅亡。」

圓哲顯然屬於前者。因為被痛苦折磨得太久、太強烈，求解脫心切的他，在對佛法還不甚瞭解的情況下，就手捧一把寶劍來到我面前，向我求一種六個月就能斬斷煩惱絲、直驅圓滿境地的法……

痛苦能壓垮人，也能逼人堅強。自那以後，我對圓哲就多了一份關注。他在中央美術學院上過學，酷愛繪畫。他曾用語言做畫筆，為我描繪了一幅「自畫像」：一雙深邃的目光，正努力穿透時光的迷霧，看清生存的困境。

＊

近四十年的人生歲月裡，我從事過室內外裝潢、CIS（企業形象設計）、燈光效果等實用美術的設計與創作，同時對純藝術也有著強烈的興趣。在進行美術創作之餘，對這個光怪陸離的世界，我總是有許多不解。

每當放下畫筆，開始思考世界的風雲變幻，那份感覺總是苦澀而失落的。五顏六色的油彩建構起關於世界的紛繁表象，但油彩的背後只有一個特徵——盲目。我開始理解古人「五色令人目盲」的深義了。是這種盲目，變幻出那麼多空洞又令人迷亂的色彩。

我十分讚嘆法蘭西藝術大師奧古斯特．羅丹（1840–1917）不朽的雕塑作品《思想者》。那個有著深邃目光的人，似乎正想穿透時光的迷霧，去把握自己的生存困境。「思想者」的目光並沒有仰望星空，但見過這座雕像的人，幾乎都能體悟到他的「思想」其實「上窮碧落下黃泉。」「心事浩茫連廣宇，於無聲處聽驚雷。」這位雕刻出人類思想之廣袤與迷離的偉人，曾經豪邁地宣稱：「我們的社會將要多麼快速地把曾經的錯誤與醜惡除掉，而且我們的世界將會何等迅速地成為樂園！」

每當想起這句話，我的心總會沉入悲哀的深淵。一百年過去了，羅丹的夢想只是一次次地破滅。不只是羅丹，正像莎士比亞所言：「人生如癡人說夢，充滿著喧譁與騷動，卻沒有任何意義。」羅丹還有一件偉大的作品，叫《地獄之門》。我覺得它很符合預言的特性，只不過在今天的地球上，「地獄」景觀遠比羅丹的作品慘烈百倍。單以波黑戰爭為例，交戰雙方，特別是美國，在那個地區投下的貧鈾彈相當於在日本廣島所投下原子彈當量的十倍。

先哲曾警告過後人：以巧智對付巧智，非常危險和愚蠢。現今的世界格局，恐怕說「以巧智對付巧智」都太過美譽了。無論個人還是國家，都正被逼上「以強力制服強力，以霸權對抗霸權」的險路。其結果，將是非常危險而愚蠢地將整個地球變成活地獄。地獄之門已洞開無數，天國之路又何處尋覓？

想起美國電影大師庫布里克對人類未來的預警之作《奇愛博士》。電影中，核武器狂人稍一發神經，整個地球就可以被毀滅無數次。三四十年過去，這部電影真的成為一則預言。高度發達的科技，沒能把「錯誤與醜惡」除掉，相反，電腦黑客的一個設計，可以使美國總統隨時打開控制導彈發射的黑匣子。我們的生命就懸於那一線之間。

假如羅丹活到現在，還會雕塑「思想者」嗎？恐怕一尊名為「絕望者」的雕塑將要誕生於世了。不去審視周圍，反觀自己的生活又如何呢？

學佛前，我是一個興趣廣泛的人，諸如圍棋、跳舞、唱歌、紙牌、電子遊戲甚至搏擊術，全都在愛好名單上，為此還交了各路朋友。就拿跳舞來說吧，不敢說自己是舞帝，但在我們那一票人馬裡，至少也稱得上是王子了。哪怕一天有四十八個小時，我也不會在任何一個場合缺席，我對玩太在行了（學佛後才知道這是自己慧淺障重，習氣業力所致）。

再看看我的家庭。父母一方面對我很溺愛，另一方面又專橫不講道理，很多時候讓我難以適從。妻子更是刁蠻無理，她自詡美貌，經常出入舞廳、牌場，往往一上牌桌，就與人打得天昏地暗、面無人色，甚至徹夜不歸。

人生在內憂外患之中，太多的醜惡與無奈，讓我無法在筆下的油彩中找到「悠然見南山」的和諧，對自己和家人庸庸碌碌生活的厭倦，更增添了一種走投無路的空虛苦悶。由此我才開始在佛法中去探尋一種別樣的人生。

記得在那些最憋悶的日子裡，內心深處常會湧起一股股莫名的悲哀。這悲哀在我離家奔赴喇榮五明佛學院的車上達到了最高潮，彷彿從內心深處奔湧而出，要把我和整個世界吞沒……

好在最後，我終於來到了這片場域。從出家到現在已經兩年多了。回頭看自己當初的選擇，常忍不住暗自竊喜。假如沒有遇到佛法，沒有選擇佛學院，現在的我又會飄蕩在何處？是在牌桌旁，還是舞場裡？還是整日握著畫筆，試圖描繪出這個我根本把握不住的光影世界？

回顧自己走過的這些彎彎曲曲的路，真想把這些反思、審視，與朋友們分享。也曾熱切關注過科技的發展，但我總算明白，現代科技只是停留在對顯現之法的研究上，對空性之理根本沒有觸及，更不用說「顯空雙運」了。

科學巨人愛因斯坦終其一生才明白這個道理。而牛頓晚年的困惑，就在於他對科學產生了極大的懷疑，最終只能向上帝追問宇宙的第一推動力。粗淺者不明所以，動輒批判牛頓是倒退、迷信，其實牛頓的「倒退」，何嘗不是基於對科學的冷靜反思？

《佛教科學論》中說：「那麼知識水準一般，甚至連普通家務也茫無頭緒的人，對佛教也就沒有理由橫加非議，否則只能顯出自己的淺薄無知。」真希望每個人都能對佛法做一個客觀的、心平氣和的研究。不論是像我這樣，於窮途末路之際才把佛法當作最後稻草的人；還是正處在得意揚揚之時，不屑或無心瞭解佛法的人，都祈望大家能靜下心來，仔細地審視佛法對這個世界的解釋。

如今，正如一位西方哲人所言：「整個大地充滿了狡詐者。」一個不害怕因果、不承認輪迴的社會，怎麼能說是一個美麗新世界呢？

離開畫筆所粉飾的幻象，走到佛陀揭示的真實世界中，心中常常有兩種情感在交織衝撞：對自己選擇的欣慰，對未覺悟者的悲哀。當我穿上莊嚴的僧衣，站在神山之巔，遙望那個燈火輝煌的迷幻世界，我總在想，那裡有我的父母雙親，有我的兄弟姐妹，什麼時候他們也能掙脫出迷幻之網、踏上菩提正道？

應該說圓哲已經踏上菩提正道了，現在的他比起兩年前成熟了許多。未來的路很長，而選擇在他，成就與否也在他。以他目前的精進來看，我相信他的前方一定充滿光明。

我們沒有「永久居住權」

房子就像我們的軀殼，設計得再富麗堂皇，
也抵擋不了無常的風。

廣闊無垠的天地間生存著智者和愚者。愚者在盲目中了其一生，智者則總想活得明白、自在。

不過，「智」有「大智若愚」，也有「世智辯聰」。世間公認的知識份子，如建築師、醫師、教師、工程師等，往往認為自己的研究領域最有價值，自己揭示的真理最為正確。

藏族同胞有句俗話：「山上有天，水上有橋。」意思是說，不要認為自己的見地已臻圓滿。如果**用佛法來衡量世間的每一個專業，就會像登上泰山極頂般「一覽眾山小」**。

圓枚就是一位建築學的極具天賦者。當她認識到建築的虛幻無常，才明白永恆美好的設計，唯一存在於心靈之中。

茫茫戈壁灘的落日中，站著一個看夕陽的小女孩。待到「大漠孤煙直，長河落日圓」，美麗的霞光漸漸從視野中退去，小女孩便心滿意足地牽著羊回家了。那個小女孩，就是我。

童年的這一幕總是歷久彌新，我總忘不了小時候在新疆生產建設兵團度過的那段美好時光。一個普通的雙職工家庭，一家五口人其樂融融。作為家裡最嬌寵的女兒，我總是第一個品嘗到父母用微薄工資買來的美味。剛開始時覺得天經地義，可偶爾回過身，看到父母苦澀的臉上掛著的滿足的微笑，我的心便沉重起來。儘管那時我還很小，但已學會了體貼父母、謙讓兄長，儘量讓爸媽的心情更愉快、笑容更燦爛。

就在這樣的環境中，我長成了一個孝順、聽話、乖巧的女孩。我經常感嘆命運的不可思議，誰能料到像我這樣一個女孩，最後竟會出家成為一名比丘尼呢？父母更是做夢也不會想到。

當我跨出某個著名大學建築系的大門，懷揣一張畢業文憑奔赴社會的時候，心中的感慨油然而生。終於要開始設計圖紙了，這個社會未來的建築景觀，將會留下屬於我的一道風景線。

*

坐在北京一家寬敞明亮的設計室裡，我開始廢寢忘食地工作。走上工作崗位後接的第一個設計方案，是一項上百萬的路標工程，這個根本難不倒我。當我把十幾天熬夜熬出的一紙圖樣送到老闆手中，沒過幾天，他就得到了這項工程，至少幾十萬的利潤輕鬆地流進了他的腰包。

按理說水漲船也應當高吧，但我一絲甜頭也沒嘗到。這倒也罷，我的貪心本來就沒那麼強烈，但漸漸地，我發現周圍同事的目光開始有些不對勁，他們的眼神總帶著一絲嫉妒。不久，各種流言蜚語便漫布整個公司。我這時總算體會到了什麼叫「木秀於林，風必摧之」。

老闆看我的眼神也有些不對頭，到最後，為了防止我跳槽，他竟然扣下了我全部的設計費與獎金。我本沒想過跳槽，卻被他逼上梁山。不想再做唯命是從的奴僕工作，我便當上了直銷員。有一天偶然路過一間寺院，看著藍天下那紅牆碧瓦的莊嚴，聽到一陣陣清淨悠遠的唱誦，不由自主便邁進了殿堂。剛進大殿門口，一種似曾相識的感覺便迎面而來。當下我也不知該做什麼，就這麼呆呆地站在大殿裡。

「有事嗎？」一個師父輕輕問道。我回過神來，不由脫口而出：「我想擺脫煩惱。」師父笑了笑，轉身進殿拿了幾本書出來遞給我。我一眼瞥見最上面的一本書上赫然印著「因果」二字，從小到大所接受的教育使我潛意識裡已把「因果」等同為迷信。我眉頭一皺：「我想擺脫煩惱，不是想瞭解這個。況且我從不相信什麼因果、輪迴。」

「為什麼不相信？」師父還是那麼和藹地笑著。

「我根本看不到輪迴。」我有些不服地頂撞著他。

「你沒見過你媽媽生你，就可以斷定她不是你的親生母親嗎？」

我真沒想到他會說出這樣的話來，這句話嗆得我三天沒吃下飯。

從此我便成了寺院的常客。師父對我格外看重，特意為我開示了整部《法華經》。記得頭一天師父為我宣講《法華經》，剛講到序文中的「**生死流轉，無有出期**」八個字，我就已止不住地淚流滿面。每個人的入佛因緣都不一樣，我常常想，那個師父是不是已在廟裡等了我很久呢？

對我來說，接受佛法是一件很自然的事，好像離佛法就隔了那麼一層窗戶紙，只需一個明眼人一捅就破，否則我不會對佛經裡的說法涕淚縱橫的。似乎一切本都是我已經知曉的，只是後來不知怎麼遺忘了。再次歸家，能不喜從心生嗎？

當師父從《金剛經》講到《心經》，又從《心經》講到《華嚴經》時，我便對師父說：「我要出家。」當時，師父高興地答應了。

千里迢迢回到家鄉，我想先引導父母吃素，慢慢帶他們走上佛道，再告訴他們我要出家的決定。誰料當我剛把佛像擺上書案，就遭到了全家的一致反對。為了對抗我的吃素，平日裡對我言聽計從的父親，竟要當面殺我養的一隻小兔子。我沒有一點辦法，只有流著淚大聲唸阿彌陀佛聖號和往生咒，悲哀地看著牠死去。當天晚上，我拚命地祈禱上師三寶，慈悲攝受我的父母，讓他們能早日懺悔。整整一個晚上，沒有間斷。

一個多月來的祈請總算有點成果。為了鞏固他們剛剛生起的一點信心，我又在家多待了一段時間。第二年正月十三的黎明，我想我該走了，我要走自己的路，父母的路也得靠他們自己行走出來。以我現在掌握的佛法力量，還遠遠不能從根本上解救他們。我必須早點出家求道。

天才剛剛現出魚肚白，我就悄悄掩好了門。望著家的方向，我在心裡說：「再見了，爸爸媽媽，你們醒來就看不到女兒了，但願我留下的那封信能讓你們感傷的心有所釋懷……」

我先是到了一個深山裡的小廟，廟裡只有兩位尼師。老尼師對我非常好，非常希望我能留下來。但一個月過後，我就決定要離開這裡，因為這裡沒有講經說法，不能聞思修行。不過，現在回想起在那個小廟度過的一個月時光，我覺得收穫還是挺大。因為在那兒更讓我體味了世態炎涼，更讓我渴求聽聞正法，更讓我明白了自己肩負的使命——續佛慧命。人生旅途上遇到的第一位精神導師，不就是這麼諄諄教誡我，並殷殷期盼著我嗎？最重要的是，在那間小廟裡，我見到了一本介紹法王如意寶晉美彭措上師的略傳。於是二話不說，帶著身上僅剩的六百元錢，我又向地處雪域高原的喇榮聖地出發了……

曾經以為設計一些美麗的建築物就是我此生的全部生活。但到了這裡，住在這間根本不用設計又簡陋不堪的樹皮房子裡，心裡才總算明白：房子就像我們的軀殼，設計得再富麗堂皇，也抵擋不了無常的風。多麼希望朋友們能跟我一道，走上設計靈魂的光明之路。

＊

圓枚的故事儘管比較短，卻非常精彩，應該說她真正的生活現在才剛剛開始。她正拿起佛法這支妙筆，展開人生旅途的畫卷，準備設計未來的前程。

一個人的聖地

大雪中，我孤身一人背著一百多斤供品趕回山上，直到晚上十點半，才奮力
地在風雪、飢餓、疲勞的侵襲中，踏上北臺頂厚厚的雪地。
我那迷茫躁動的心突然平靜了，
平靜得就像五臺山白雪皚皚的山野。

我坐在喇榮溝的甘露旋山谷裡。這裡有清淨的小溪，兩岸盛開著金、銀兩色的花朵，還點綴著零星的小樹。在這樣寧靜的氛圍中，我打開了《喇榮課誦集》。

正讀著每日的功課，幾隻藍色布穀鳥飛到我身旁的小樹上。牠們唱起美妙的歌曲，那聲音婉轉極了。沒辦法，我不得不中止唸誦。「美麗的布穀鳥，你們不要再唱了。否則連小溪都要被你們的歌喉耽擱在這兒，不肯再向前了，我也沒辦法再唸經了。」就在此時，

圓用穿著那身慣常的黃色漢僧裝向我走來。

圓用時不時幫我整理些文稿，對他我還是非常瞭解的。記得兩年前評選漢僧堪布，我覺得他的戒律、行持、智慧都已夠格。他卻說不希求堪布的名聲。他認為自己離真正的「堪布」還有很大差距，想達到了這種境界再說。因為這件事，我對他印象深刻。等他坐在我身旁，我突然想到，何不趁此機會，請他講講出家的經歷。

*

我出生於江南的一個小鎮，自幼喜歡寂靜獨處，少言寡語，鄰居都叫我「啞巴」。與所有同時代的少年一樣，我在六到十七歲之間，接受了小學、中學僵硬的灌輸式教育，高中畢業統考時，又終於進入了大學。

在長沙市求學的那幾年，是我極為迷茫困惑的時期。國門打開，令當時的大學生開始接觸到外界的許多知識。當眼界從封閉、狹窄、愚昧的壁壘中解放出來，激進的年輕人便不願再死心塌地地相信課本和灌輸訓練，開始向西方所謂的自由文化投去了羨慕的目光，也向東方傳統文化伸出了熱忱的手。

在那種大環境下，我也開始甦醒，漸漸想到了人生、世界的種種問題：**人應該怎樣生活**？我的一生應該追求什麼？國家、社會、世界到底是怎樣的一個事物？我成天泡在圖書館裡做「書蟲」，啃完了一部又一部的哲學、文學、歷史巨著，以期洞徹心頭疑惑。在這期間，不期然也開始遭遇了佛法。

記得那時候的圖書館，基本上找不到一本真正的佛學書籍。第一次遇到佛教教義，還是因為歷史課本上一段批判佛教的文字，其中對「苦集滅道，欲望即是痛苦」有簡短的介紹。說來荒謬，慣有的逆向心理，也或許是某種因緣，在聽到老教授唸那段文字時，我的心居然感到一陣顫動，還有一絲絲的清涼。

從此之後，我的足跡便不斷出現在麓山古寺，目光時時停留在佛像、經書與寺內寧靜超然的景致上。我很想明白，是什麼義理在讓我心動。儘管沒有找到人為我解說佛教教義，但每每在悶熱不安的校園中待不住時，只要到古寺坐上一會兒，我的心靈就會得到安慰，宛若遊人於陌生的暗夜曠野中，忽然看到一點若明若暗的燈光。

一九八九年某一天，我在麓山古寺的大殿前照了一張相：兩手平伸、雙腿分叉，全身緊緊「釘」在大殿門口阻擋遊客的柵欄上。佛陀的聖像在暗淡的背景中現出金光閃耀的頭部，雙目悲憫地關注著這位為憤懣、疑惑所困擾的年輕人。

在麓山寺的寧靜與校園圖書館的中外名著的撫慰下，被種種人生問題困惑的我總算度過了四年大學生活。畢業後，我順利地分配到石油銷售系統工作。那時石油是專營商品，國營石油公司一統天下，公司裡的主管職工養尊處優，享受著豐厚的工資、獎金、福利待遇。雖然如此，在堂皇的辦公室裡，「一杯茶，一支菸，一張報紙看半天」的生活，卻不是真正有理想、有良知的年輕人所願意過的。

面對社會的「大染缸」，我尚未解決的困惑之上，無疑又籠上了厚厚的迷雲：是隨波逐流，還是奮鬥？是毀滅，還是生存？難道人就沒有更有意義的活法？難道不能擺脫這些迷惑，過一種理智而無痛苦的生活。公司上下、日常生活中的每一件小事，總是讓我的心靈一陣陣抽搐。面對人世的陰暗，敏感純潔的心如何忍受？

但由於此時無緣進一步學習佛法，我便將時間大部分花在對《資治通鑑》等歷史巨著與尼采的哲學、美學思想的研究上，希望能從中獲得有關人生幸福的答案，結果卻發現，整個人類歷史其實充滿了殺戮與絕望。面對現實與理想的激烈衝突，我不得不做出自己的選擇：儘管親友一再勸告，我還是放棄了「鐵飯碗」，決心出去闖蕩世界，看看人世間的真面目。

在沿海開放城市拚殺了多年的朋友們，紛紛向我伸出了熱情之手。繁華的深圳、珠海；紙醉金迷、窮奢極欲的生活環境；「拚命地玩，玩命地做」的生活準則，一度也讓我覺得「充實」。然而每於清晨酒醒、曉風殘月之時，不甘沉淪的心總會感到陣陣刺痛：「這就是我嗎？感官刺激就是人生的安樂嗎？」無邊的大黑洞，橫亙在前方的虛空，令人窒息的迷惑與恐懼不時扼緊了我的心。我向周圍的朋友，甚至一些事業有成、大名鼎鼎的奇人異士詢問這些問題，然而他們和我一樣，對此只有困惑與無知。

一九九三年夏季，疲憊、焦慮、不安的我在風景如畫的海濱城市三亞休養了一個多月。每天踱步在海風拂面、波浪輕湧的沙灘上，思索著人世間的炎涼苦樂、生活中的團團亂麻、宇宙的無盡奧祕、哲人們的名言警語，我的心智漸漸得到了一些啟發：再去深入書山，遊歷四海，去拜訪一些真正超塵脫俗的高人。我要**找到明鑑一切的智慧，要過上自由而理智的生活**。

於是，在讀萬卷書的同時，我又背上了簡單的行囊，開始了遠涉萬里的新長征路上的思索。我乘海輪自南向北，以水天一色的大海來壯闊心境；徘徊於蒼山洱海及西雙版納的密林，徜徉於桂林山水，讓森林碧流滌蕩心靈的灰塵；借故宮長城，勾起千古的幽思；最後溯黃河而上，試圖體味千萬年中，龍的傳人如何用血淚沉澱出淒涼的歷史吧……

一九九四年的一天，我又回到廣東佛山喧鬧的大街上。看著似螞蟻覓食一般急匆匆的行人，不知怎麼就想起了應聲救苦的觀音菩薩，又想起了能賜予無上智慧的文殊菩薩，心裡面好像突然一亮：跑了那麼久，為什麼就沒想到去清涼山的冰雪世界呢？能在聖境雪山之巔的巨石上坐坐，看看藍天白雲，讓身心熱惱消失在雪線之上的碧空中，此生還有什麼能比這更快樂！

當南山寺腳下的「清涼聖境」四個大字映入眼簾，我那迷茫躁動的心突然平靜了，平靜得就像五臺山白雪皚皚的山野。剎那間，我做出了一個決定：以前的二十五年既然沒能讓我在痛苦不堪中找到人生真諦，那麼從現在開始，我何不嘗試一下另外一種生存實踐？走自己特立獨行的生活之路吧，我多麼渴望能從紛繁的表象中提煉出生活的真諦，為此將不惜付出身心作為代價，否則，此身心要它又有何用？是留著它繼續感受痛苦，還是盲目地與眾沉浮？看來我得把這副軀體交到佛門去錘打一番了。

剛剛進入寺廟時，我一邊向諸位比丘長老借閱高僧大德的傳記，一邊砍柴、挑水、做飯、掃地，這期間我得到了許多磨練。特別是隨師父們下山搬運供品、糧食時，背著沉甸甸的大包向山上爬，每走一步，都覺得自己在變得堅強。

有一天下午天氣突變，大雪中，我孤身一人背著一百多斤供品趕回山上，直到晚上十點半，才奮力地在風雪、飢餓、疲勞的侵襲中，踏上北臺頂厚厚的雪地。每一次拚盡全力從積雪中拔出腿來，我都感到兩眼發黑，幾乎要昏死過去。那時我就在想：如果死在文殊淨土的葉斗峰頂，我會不會有什麼遺憾？**人生的意義不就是錘煉自己**、昇華自心嗎？不能超越肉體感官的束縛，心靈怎能變得堅強，又怎能達到超越一切的自由之境？文殊菩薩，加持弟子吧……

那一次的經歷後，我向寺廟的師父們請了七天假，在一間茅棚裡開始禁食、唸經、打坐。我想進一步體會飢餓感與靜坐修道交織衝撞的矛盾與力量；想更深入地瞭解自己的身心，到底在一種什麼狀態下才能達到平衡。後來我又反覆翻閱了《密勒日巴大師全集》、《夢遊集》、《虛雲老和尚年譜》等著作，也尋訪可以終生依止的大善知識，期冀獲得修行的指導。可能是緣分不到，我一直未能如願，只能自學自修。最終，我發心在憨山大師閉關修行過的獅子岩神仙洞住上一段時間，專心修持一位甯瑪巴噶陀派堪布所傳的大圓滿前行法。

獅子岩人跡罕至，非常寂靜。在那兒修持大禮拜、百字明等加行時，除了一位慈眉善目的放羊老人偶爾光顧外，白天，我只能與山雀、松鼠、野兔說說話。在冬季的晚上，還會有一隻豹子準時到溝底的泉眼邊喝水，並時不時賣弄一番牠的嗓子。

修習加行時，我真切感受到貪嗔妄念如同藤蔓一般緊緊纏縛著自心。無奈之際，只有拚命地誦咒、磕大頭。心情閒逸時，我也會經常回味、咀嚼一番人世的經驗，那時我就會想：沒有崇高理想的人，恐怕與這山上的野獸並沒有多大差別。

有一年夏天，我的鄰居老松鼠生了一窩小松鼠，但後來老松鼠不知怎麼掉進附近的水坑中死去了。過了兩天，四隻小松鼠也全都死在水坑裡，這使我自懂事以來第一次放聲大哭了一場。我終於無奈而悲戚地由世間親友的離別思量到人世的衰變無常，從此更為努力地修習。這期間我做了不少吉祥的夢，不時感到三寶的慈悲加持。

這樣過了十八個月後，我覺得自己貪戀軟暖安逸的習氣稍微得到減輕，內心也較以前安寧堅強了一些。這十八個月的修行體驗足以讓我明白一些事實：佛陀的教法可以改變一個人的品性；人生失意、憤世嫉俗，在佛陀所揭示的宇宙真相面前，都成了遮蔽太陽的烏雲，真理的光芒終將穿透世俗的一切假象；世人的一些評價，諸如學佛是青燈古佛了卻餘生的消極、人生不得意時的逃避等，只不過是門外人戴著「盲公鏡」得出的誤解，自己放下凡塵瑣事走進佛門後，才真正開始了積極向上、勤勉不息、自我完善的人生。

在得出了以上結論之後，一九九四年的四月初八，在尚是雪花紛飛的北臺頂，我終於下定決心：脫下俗裝，剃除鬚髮，將俗世的風塵拋盡，開始二十六歲以後新的人生征程。

後來又過了三年，時節因緣可能都成熟了吧，我聽聞到喇榮五明佛學院的名字，並看到了從那裡流傳過來的法本。一股暖流在心中澎湃起來：也許在那裡，可以找到我終生依止的根本上師！

一個清晨，我背上小包，告別當地熟悉的道友，靜悄悄地來到了喇榮佛學院這塊彩虹升起的聖地，開始了又一輪求學之旅。由於上師的大恩加持，我心無旁騖地在經論海洋中暢遊了數年，自己的心終於開闊起來，多年盤結在心頭的烏雲，也一點點散去。從人生世界的種種困惑曠野中，終於走上了一條金光閃耀的大道。

通過在佛學院的聞思，越發覺得這個世間，無有一刻不受著生老病死、無常衰變的侵襲；面對無窮的宇宙奧祕，我們如同白癡一樣無知，有許許多多無法逾越的苦難；面對輪迴的巨大黑洞，人類是那樣渺小而無奈；哲人們從古至今苦苦追尋，又有誰洞悉了這一切的答案？

一切智的佛陀告訴我們：宇宙萬事萬物，無一不是分別心所現的幻影。由於無始劫來的習慣誤執，我們在幻影中，假立了森羅萬象，安立了種種名言。就像在夢中，我們認假成真，時而哭泣，時而歡笑，如同患癔症的瘋狂者一般，枉勞心神。如今由宿緣成熟，我們感而為人，有血有肉，有靈有思，絕不應沉迷於虛幻的感官刺激，像牲畜一樣只知尋求衣食享受；而應依止善知識，追求真理，開啟本具的智慧，徹達人生宇宙的真相，從痛苦不絕的生死大夢中醒悟，證得超越一切束縛的大安樂。

如果你不甘受困於人生陷阱，也請踏上佛法這只天梯，走上尋求心靈昇華和解脫的自強不息之旅。

＊

圓用講述他的經歷時，太陽一直在微笑。而四周也空無一人，除了我們倆。

本來我還欣賞著小鳥的歌聲、樹林的風景。聽他講完，我的心也開始沉靜而內觀起來。圓用的修行並不是口頭禪，這讓我聯想到當今許多形象上的修行人，遇到真正的違緣、痛苦時，他們的「行持」、「智慧」往往一點兒也派不上用場，原因就在於沒有落在實處。

藏族有一句家喻戶曉的話：「許多在舒適悅意環境中能修行的人，在違緣痛苦面前則顯露出自己的本來面目。」因此，無論是選擇在家還是出家學習佛法，我希望人們都能瞭解，並最終證悟佛陀每句話、每個字的含義。否則，未來會有很多無法排解的挫折、痛苦，將你壓垮。

在今天的佛教徒中，有財富的人我看到過許多，而擁有調伏身心的智慧資財的人卻微乎其微。儘管我算不上是一個合格的修行人，卻始終不敢忘記華智仁波切的這句教言：

「修心，修心，修自心。」

站得越高，越「恐高」

川端康成、三島由紀夫、海明威，
竟然都選擇了以同樣的方式——自殺來結束生命，
儘管他們都已站在了世俗人生的最高處——諾貝爾獎的領獎臺。
這樣的歸宿豈能作為我們的樣板？

人生的許多挫折、痛苦，都可以是成長的順緣。正像華智仁波切所說：「顯現上的一些挫折實際上成了值遇佛法的因緣。」

日常生活中，的確有人在遭遇了家破人亡、妻離子散、疾病纏身等的痛苦折磨後，遇到佛法而終獲解脫。藏漢佛教史上，從違緣困縛中破繭而出的成就者也大有人在。

佛學院的圓達，就是在家門遭遇種種變故後投身佛門的。如今的他，正在這塊清靜的聖土上，棄絕俗緣，潛心研讀如海的經論。看多了生死，他不想再「反認他鄉是故鄉」。

*

我曾經生活在一個幸福的家庭，人在快樂的時候似乎是想不到宗教信仰和精神寄託的，所以那時我離佛很遠。但命運的轉變由不得人，就像每天的天氣，當我十五歲那年就要進行中考的當兒，幸福拋開了我們。

父親在我中考前夕突然病倒，幾天後就被確診為肺癌晚期。拖著最後一線希望，母親和姐姐陪他一同前往上海。空蕩蕩的房間裡，我第一次成為這個家的主人。雖然深夜醒來，難免會有淒涼感泛上心頭，但繁重的功課使我不得不暫時淡忘這一切。年少的我第一次領教了**厄運面前人的渺小、微弱和無奈**。

中考結束，父親也從上海回來。沒過幾天，還沒等他看到我的錄取通知書，他就匆匆忙忙拋下我們先走一步了。痛定思痛，我實在想不通命運對我們的捉弄，便打算從文學作品中尋找生死的答案。

現代文學大師中，林語堂是那麼幽默和機智；梁實秋是如此輕鬆與悠閒；周作人又帶給我們閒適和平淡；徐志摩則讓我們品味浪漫與燃燒……可是在他們人生的最後階段，都沒有奏出華彩的樂章，相反，卻是同樣的暗淡與苦澀：醫院中全身插滿管子；監獄裡苦苦掙扎；空難的一聲巨響……至於最偉大的文化戰士魯迅，臨終前的最後一句話「一個都不寬恕」，讓我們看到了他的錚錚鐵骨與磊落胸懷，同時也感受到他放不下的執著。

再看國外，川端康成、三島由紀夫、海明威，竟然都選擇了以同樣的方式——自殺來結束生命，儘管他們都已站在了世俗人生的最高處——諾貝爾獎的領獎臺。這樣的歸宿豈能作為我們的樣板？也有人說，到了他們那個境界，生死都無所謂了。但我覺得這句話禁不起推敲，同時也不負責任——結束自己的生命高到了人生的什麼境界？

這是否就是人生？

如果人生就是這樣的虛幻多變，又談何生活的意義？

三年的技校生活總算結束了，我第一次能將自己掙得的薪水交給母親。這一千多個日日夜夜，不知她是怎樣的含辛茹苦。此時家境已日漸好轉，當辛酸終於熬到了頭，她的身體卻徹底垮了下來。一九九二年的夏天，母親住進了醫院——尿毒症，這種比癌症還要可怕的病，在她身上已潛伏了很久。

當醫生告訴我診斷結果時，我一連串地發問：「為什麼？為什麼這些不幸全要落在我頭上？」醫生的回答客觀得近乎冷漠：「誰都可能碰上，包括我自己。」

從單位到醫院再到家，在這條三點一線的軌跡上奔波了近半年，一輛嶄新的自行車被我騎成了一堆廢鐵，最後終於爭取到了讓母親前往上海進行腎臟移植手術的機會。為此我中止了工作，在一九九二年臘月二十八的凌晨，我們登上了「江申一號」的甲板。

寄居他鄉十一個月，其中的辛酸一言難盡，好歹還是平安回來了。正當我們歡喜地為一九九四年的春節忙碌時，姐姐卻因婚姻破裂而結束了自己的生命。我唯一能做的就是使自己保持鎮定，強打起精神，來安慰我那傷心欲絕的母親。夜間，獨自一人睡下時，我常常被噩夢驚醒，淚濕雙襟。

人力與業力的拔河是一場艱苦的戰爭，也是一場勢力懸殊的戰爭。數十萬元的代價，也只讓母親的生命多維持了一年半。當她再次住進醫院，前後僅僅七天，就永遠閉上了雙眼。

在極度的痛苦中，我寫下了這樣一段日記：

我是一株孤獨的草，

春雨澆頭，
夏陽炙烤，
肅殺的秋風吹過。
我已失去了生命的綠色，
連日的冬雪又將我深深掩埋；
歲月難挨，
生機渺茫。
我不知道，
我的生命是腐爛，
還是燃燒。

母親的喪事結束，一個完整的家庭就只剩下了我一個人。生活還將延續下去，它根本不會顧及一個弱者的呼喊。而我也必須生存，凡夫的生命也不是那樣不堪一擊。但我必須找到新的生命支點。

也就是在這個時候，帶著滿腹的苦楚、滿腔的心事、滿懷的疑惑，我開始接觸佛教。

來到九華山，當時剛好在舉辦地藏菩薩聖誕的紀念活動，鐘鳴悠遠，青煙嫋嫋。躲過熱鬧的人群，我和一兩位剛剛認識的年輕出家人交談，談人生、談歷史，也談哲學、宗教。最後我們都在深夜的蟲鳴聲中沉默了：我們的歸宿將在何處？

臨別時，他們送我一套錄音帶——《傾聽恆河的歌唱》，多麼富有詩意的名字，而內容卻是滿含血淚的沉重，我也彷彿成了其中心酸的一個音符。

對於佛法，我瞭解的僅僅是一點零星皮毛，但我已隱約知道了未來要走的路。六個月後，我結束了一切俗事雜務，冒著嚴寒來到雪花紛飛的九華山，開始了另一段人生旅程。在這條路上沒走多久，我就決定剃髮出家了。既然家徒四壁，那就乾脆赤裸裸來去無牽掛吧。

再後來，我來到了喇榮五明佛學院，並決定在這裡長住下來。曾經問過自己，生命是腐爛還是燃燒？既然認定佛學院是一個大熔爐，答案當然也就不言而喻了。

＊

圓達的故事讓我們又一次領略了「一切有為法，如夢幻泡影」這幾個字的含義。世間的一切財富、名利、家族榮耀、親情友愛，最終都將像大夢一場，消散得了無痕跡。只不過這種無常的體驗對圓達而言，多了一些沉甸甸的血與淚的分量。

其實，縱然是對那些人生經歷尚且平靜、安定的人來說，一切的一切也都終將如流水一般不復存在。唐代大詩人李白在「夢遊天姥吟留別」中就曾歌詠過：「世間行樂亦如此，古來萬事東流水。」當時間告訴你，一切都不可靠時，你還要繼續執「實」不悟嗎？

現今的許多人貪戀美色、美酒，陶醉其中不願自拔。有些人雖想修行，卻往往意識不到人生其實很短暫。如白駒過隙一般的時光中，一半要用於睡眠、飲食，還有那麼多瑣事牽絆，有時又會因生病而不得不躺在床上，這樣剩下的修行時間又有多少？

薩迦班智達曾說：「諸人壽短其一半，夜間入眠如死亡。又遇病老等眾苦，餘半亦無享樂際。」正是道出了生活的實相。

所有珍愛生命的人們，願能三思。

既脆弱，又強大

當「我」與虛空相遊舞，
「我」的痛苦與執著又能在虛空的哪個角落立足？
丟掉脆弱不堪的「我執」，
我又將何懼何畏？

現代人接觸佛法的機會並不多，年輕一代中，很多人都將生活重心放在了感情、事業上，有些人甚至將組建溫馨的家庭當成人生的根本目的。這種人生觀實在是不經觀察的一種迷妄。

現量所見，許多人成家後就變成了家庭的奴僕，哪裡談得上實現人生的崇高理想。照顧父母、操心孩子的成長，大量的瑣碎家事占去他們的時間與精力。

我接觸過的許多已成家的知識份子，都曾向我訴說、抱怨生活對他們的重壓，其實這種不堪承受之重依然是他們自己選擇的結果。

面對壓力，許多人選擇單身，但這只是一種消極逃避。還有一些人知道了人生無常的本質後，前往寂靜之地，去過清淨的出家生活。這樣的選擇，並不容易被世人所理解。但在蘭州大學讀博士的圓博，卻從中感受到了重生的喜悅。

*

我自幼就生長在小康之家，衣食無憂的我對生活的唯一打算便是讀書。而只要有機會、能力讀書，父母也會傾其所有、全力支持。在這種少不更事的心態下長大，我養成了非常自私的自我意識：對父母的辛勞從不感恩，反而認為世界就應該圍著自己轉，我的中心地位是理所當然的。

這種心境日久成習，年輕的我逐漸喪失了對周遭人與事的耐心，不合自己的心意，就抱怨不斷。我也曾因自我計畫的暫時受挫，對人生意義和目的產生過疑問，也曾想尋求人的不同遭遇、境況背後的原因。不過所有的這些沉思，在對現實學位、愛情不斷升級的追逐下，終於不再升起。

直至多年前，我雖滿心歡喜地在異國考取了碩士學位，但很多自我計畫開始變得越來越不順遂，生命跌入前所未有的低谷，此時，那些對生命的疑惑才又重新浮起。

正是因為我的強烈執著，在個人欲望與現實困境的衝突日益突顯時，我對此毫無心理準備，也沒有人能適時地告訴我，生活為什麼不能像自我設計的那樣圓滿，反而充滿如此多的無奈與變數？為什麼生命必須受意料不到的考驗和不幸？

為了得到答案，我多次走訪過基督教會，試圖在現世知識與人倫價值體系之外，從宗教的角度給心靈找到一份慰藉。儘管也從中得到過片刻的安詳與寧靜，卻仍然無法讓躁動不安的靈魂徹底平靜。我這才意識到，其實自己根本沒有把握住自我的實質，也根本沒能掌握生命的終極答案。對人生的實際意義而言，我只是一個不明所以的過客。

徬徨之際，幾經尋覓，最後在一個朋友家的聚會中，我遇見了一位改變我命運的善知識。現在回憶他當時說的話，內容大都是關於佛教的基本概念，諸如因果業報之類，但平實的道理卻驀地解開了我對生命的重重疑問。

印象最深的是，他反覆強調個人在修身養性之餘，應始終不忘為人服務的重要，以此廣積福德，並培養「無我」的慈悲情懷。他告訴我，當把「小我」融入全體，人一定會體味到一體與無限交融無盡的曠達胸懷，一定會深深味佛陀宣示過的「一體同懷」的博大境界。

從那一刻起，我開始反省自己的過去，當意識到因為無明而做下那麼多無知之事時，我頭一次有了對自我的嚴厲譴責與深深懺悔。我深刻感受到，生命應該而且只能是在永無止境的自我改造，與無怨無悔的利他行為中，才能趨向圓滿與無憾。

我的生命就這樣得到了再生，從此也開啟了學佛修行的生涯。一步一步，從最初的涉獵佛教書籍、親近寺院道場、加入義工團體，到後來的於寺院任職，及至最終出家，佇步回首之時，我並未發現自己有任何的盲目與衝動。倒是入佛愈深，便愈發遺憾自己聽聞佛法太遲，以致把那麼多的大好時光都浪費在了無謂的自我算計與營求上。佛法深廣如大海，僅取一瓢飲，就已讓人感慨無盡並受用無窮。

從對佛法的懵懂不解到如今對它稍有體會，我的人生逐漸變得充實而有意義：在感謝與自己息息相關的眾生所提供給我的幫助的同時，我慚愧自己無以回報，在這種情感的支配下，我學著去尊重他人、愛護每一個與自己無二無別的生命；在認知因緣果報的真實不虛時，我感受到人與人、人與環境無盡復無盡的層層關係與因果之網，從而學習去尊重每一處、每一時都在發揮作用的因果法則；我感念到了佛菩薩的慈心悲願，從而祈盼自己的道業能精進而永不退轉……

學佛並且出家後，我的生活一點也沒被侷限，反而更加寬廣起來。因為外在的執著被慢慢放下，煩惱在不斷地自我觀照中日趨減少。也許表面看，生活不像過去那樣五光十色，但心靈的世界卻越發豐盈、燦爛。

以後的生活當然還會充滿許多考驗，但幸運的是，我已有了佛法相伴。我相信自己不會再怨天尤人，遇到挫折時也不會惶惑無助，因為佛法的「無我」理念使我一天天堅強。丟掉脆弱不堪的「我執」，我又將何懼何畏？

學佛並不在於對神通感應的追求，而在於對自我的深刻剖析以及隨之而來的心境提升和智慧增長。學佛的好處無法言盡，不過有一點卻始終令我感懷：靠著佛法，我毫無疑問已站了邁向解脫的起跑線上……

把短暫的一生用於出家求道，這是非常了不起的一種選擇。就算有人因為種種原因出不了家，僅在內心發願出家的功德也不可思議。《月燈經》云：只要向出家、前往寂靜地修行這個方向走上七步，功德都無法衡量。所以，切莫對別人出家的行為輕易誹謗。別以為走投無路才會出家，出家恰恰是獲取新生的崇高舉動。對此，每個人都要有一種寬容的智慧。

當泥沙變成珍珠，苦難就有了價值

一幕幕的際遇，就像揚起漫天沙塵的風暴，讓我們親眼照見生命裡沉澱的雜質。佛法卻教我們像貝殼含容細沙那般，從中孕化出珍珠。

真實說來，一個真正學佛人的行持，會給社會、家庭和個人帶來不可估量的積極能量。可惜的是，大多數人並不懂得他們的價值所在。這種認識上的偏頗和我們所處的教育環境有著密切的關係。

在一些佛法興盛之地，大都非常重視佛法的普及、提高，有關佛法的講學及研討也舉辦得相當頻繁。濃郁的學佛氛圍，讓許多民眾久已蒙蔽的善根得以甦醒並最終成熟。現在四川大學攻讀宗教學博士學位的圓答，就是在偶遇一次佛學講座時頓萌菩提心志的。

圓答畢業於臺灣政治大學，在校期間便因聽某位法師的講座而邁入佛門並至出家。她說自己不喜歡北京、天津等大城市，卻偏愛四川這個獨具人文魅力的地方，因為這裡有很多認識漢、藏高僧大德並深入研究佛學的機緣。

我當然很讚賞並隨喜她的選擇，不過最令人感慨的還是她的入佛因緣。眾生皆具菩提種子，但成熟與否還需要種種外緣，因緣聚合才有苗芽的萌發和茁壯成長。多麼希望，全社會都能為佛法這棵古老慧樹的興盛、壯大，培養一方肥沃的土壤；全社會都能為每顆求真、求善的心靈，給予些許關注目光。

母親離開我已經十年了。我永遠都堅信，她來這世上的短暫一遭，目的就是為了引領我學佛。因而不管今後的人生際遇如何、我會處在天涯的哪一個角落，在每一天清晨與黃昏的太陽光線中，內心深處都會回蕩起她那一聲聲悲切而虔誠的彌陀聖號。那時的母親，跪在老家佛堂裡，總要唸到腿麻聲啞方才止歇……

＊

而當時的我，剛剛通過激烈競爭才考入著名大學，在書生意氣的年代，整日以知識份子身份傲然自居。我將佛教看作與其他民間信仰一般落後、消極，想當然地將它斥為迷信。只是大二放春假時，一個大和尚來到我們那個淳樸的小鎮，並惹得整個街坊沸沸揚揚。為了與母親做伴，我才跟著人流擠進了鎮上的學校禮堂，生平第一回聽聞了有關佛法的那場演講。

出乎意料，那和尚的演講竟讓我無法自止地哭了起來，儘管我根本不懂那位法師到底說了些什麼，也不明白自己為什麼要哭，反正臉上的淚水就那麼痛快而恣意地流淌……

從那以後，「佛法僧」就刻在了我心深處，讓我終日繫念不已。

那年暑假，我主動和母親上了佛光山，參加了一個連續七天的「短期出家」。在那裡，我好像遇見了多年不見的老朋友，出家人的生活作息、舉止要求、清苦與滿足，都彷佛似曾相識。於是，在活動即將結束時，我又一次淚水漣漣。

從小到大的幸福快樂與一帆風順，讓我從未想過在父母的溫暖懷抱之外，會找到另外一個魂牽夢縈的「家」，而且這個「家」居然讓自己有那麼強烈的歸宿感。在來這之前，與離開這裡之後，我忽然發現，我的心境一直是孤獨的，在漂泊中長久地守候著什麼……

又一個寒假來臨時，我沒有回東部老家，卻直接上了佛光山。跟著那兒的修道者一起搬柴運水、晨課暮誦時，我得到了從未有過的快活。而這等快活，竟是在粗茶淡飯裡覓得，在返璞歸真中拾獲。我的整個身心如癡如醉了，就好像「眾裡尋他千百度。驀然回首，那人卻在，燈火闌珊處」。在世間繁華闌珊處，我卻發現了生命本然的質樸面目。

農曆年之後，我終於決定出家了。

當然會遇到親友的阻礙與挽留，甚至跪泣，但我已心如止水，只期待時間能替我安頓好每一個人的懷疑與痛苦。那時的我依然對佛教教義瞭解不深，但我可以用剩下的全部時日去擁抱佛法。對生命而言，這有點像一個賭注，但我相信佛法定會讓我成為贏家，因為它已在我的生命裡注入了超越一切有形質礙的資本。相信時間會讓我慶幸自己的選擇，就像相信在並不遙遠的將來，父母會理解我的選擇。

出家以後，在老師同學異樣的眼光裡，我繼續念完了大學，然後重回佛學院，學習如何從外而內做個徹頭徹尾的出家人。我開始一句一句地瞭解佛陀的言教，同時學著抖下塵俗、剝落自己的習氣。這不是一件容易的事，尤其是當執著與自以為是充塞全身時。在這一過程中，我看見了自己的點點瑕疵，摸清了自己的脆弱、我執本質，但我別無選擇——不跨越生命的極限，何來從人性到佛性的飛昇？累累傷痕中，我選擇了忍耐與堅強。

而恰在此時，母親卻離我而去了。辦完母親的喪事，我回到山上的佛學院。一腳跨入大悲殿，看見菩薩慈目低眉的那一瞬間，突然我似乎看見了母親的容顏。心底的悲情霎時化成一種釋然，原來母親並沒有走，她將在大悲殿裡，注視著女兒生生世世的修行。

從佛學院畢業以後，我進了研究所進一步深研佛學。有時融入古代高僧大德的思想中，會以為自己也是那遠古時代的佛子。等回過神，才恍然發現「哲人已遠」，只有自己仍然還在輪迴中。每每此時，心中都會有一種難以言喻的失落感久久不散；有時讀著經典，就像見到佛陀直指凡夫陋習的智慧，如厲劍般直逼而來，弄得自己無處遁逃；有時又如失怙稚子，悔恨為何「佛滅渡後我出生」，一股回歸思緒便油然而生。我慢慢相信了，在輪迴的生命裡，我本西方一出家人。

後來，我成了一名佛學院的教師，對著年輕的孩子們講說佛法僧的功德。看著他們在修道中跌倒又爬起，我彷彿看見了自己青澀的過去，看見了用修行包裹著的心性中，還有恆河沙石般的煩惱繫縛。於是，心中對佛陀的崇敬便日益加深，對修道的渴望也日趨強烈，對習氣染濁的汙垢也更加厭惡。這三者的對照，使我一度在矛盾中困頓了很久。直到後來，當我學會用**「平常心」在漫漫菩提路中耐心地陪伴自己，才明白只有「中道」能讓**

自己走出更遠的路。

一幕幕的際遇，就像揚起漫天沙土的風暴，讓我們親眼照見生命裡沉澱的雜質。佛法卻教我們像貝殼含容細沙那般，從中孕化出珍珠。只有**學會接受雜質，透視雜質，將它轉換為人生的智慧**，我們才會懂得修行的真義：就如蓮花出淤泥而不染。沒有了水底爛泥，蓮花也不會如此芳香。

一九九九年，我又考取了川大宗教所的博士生，並因此來到大陸，開始尋找我的佛國淨土。此刻，回首出家十三年的歲月，不僅我那曾經老淚縱橫的父親理解了我，更重要的是，我感到自己生命的視野已超越了世俗情愛的牽絆，落在了一個更寬闊的世界裡；我還看見了一顆菩提種子輕輕落上了柔軟的心田，正在萌芽吐綠……

無常世間，沒有哪個因緣會與我們相伴永遠，可在冷酷生命中，三寶卻與我們緊緊相系；感謝三寶，沒有嫌棄我這樣一個凡夫俗子，在佛法的無盡智海中，仍賜予我一瓢之飲。我只有「將此深心奉塵剎，是則名為報佛恩」。

前方，不管歸「家」的路還有多遠，我都會全力以赴。

圓答在與我談話的最後還說道：「我很愛讀書，但這『書』僅限於佛法，除此之外的一切世間學問絲毫也引不起我的興趣。因為我想探究人的內心世界，而佛法是最完美的內心科學。」她還表示，今後想依靠種種方便善巧，把她所掌握的佛法精髓向世人廣為宣說，就像當初給她以人生啟迪的那位法師一樣。

*

對此我非常理解和贊同。的確，當外在的科技面對心靈荒漠，越來越捉襟見肘時，佛法一定會當仁不讓地擔負起人類心靈導師的角色。但這一切的前提，是佛法可以自在無礙地得到傳播。為此，我們需要營造學佛的氛圍，更需要培養弘法利生的人才。

我想每一個負責任的佛教徒都應該竭盡全力去弘揚佛法，如果暫時無力改變周遭的環境，可以先擴展自己的內心，真正做一個續佛慧命、積極利他的人，哪怕僅僅給眾生播下一點點善根，也會促進對方未來的因緣成熟。